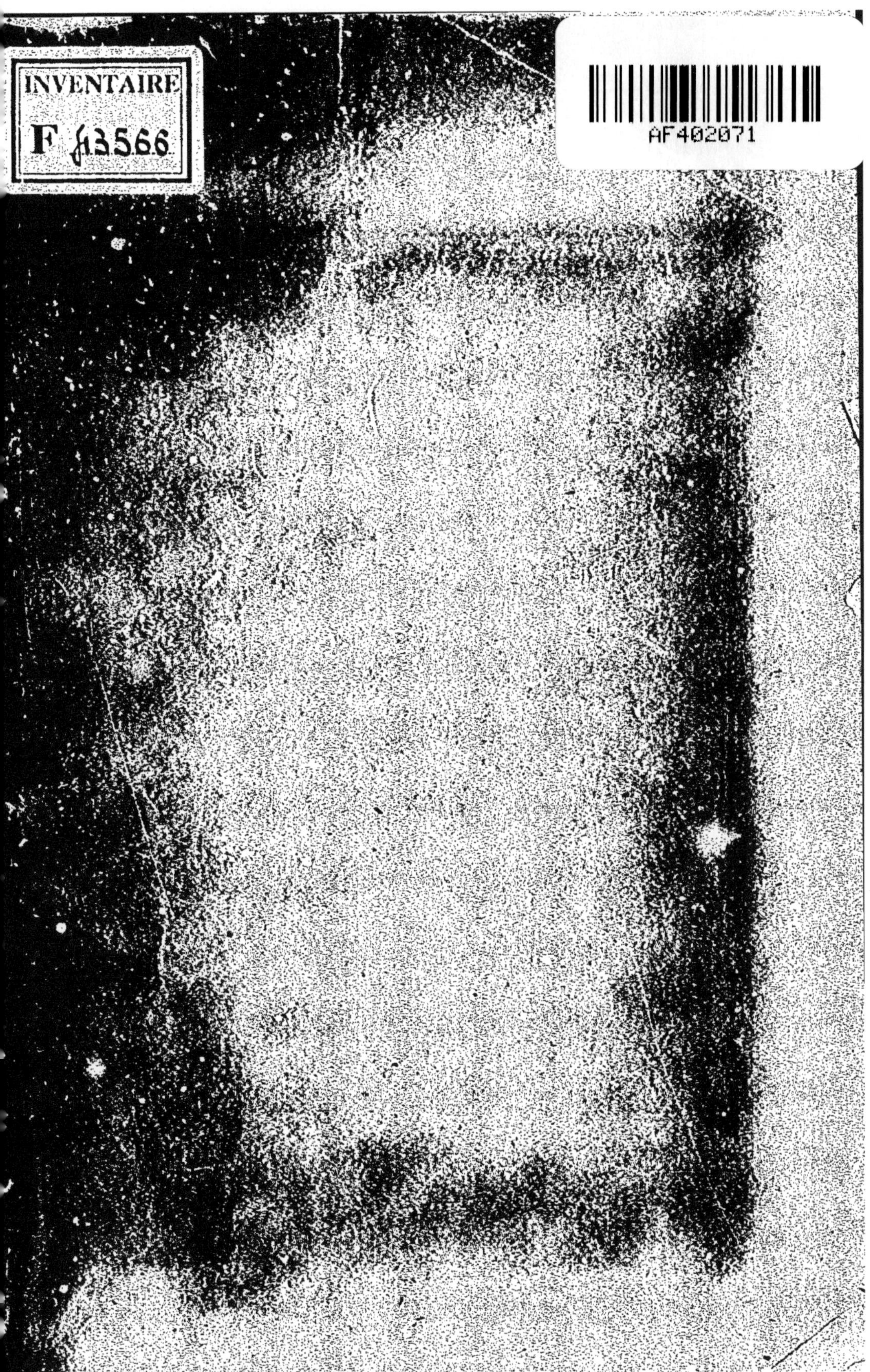

DU PÉCULE CASTRANS
EN DROIT ROMAIN.

DES
SUCCESSIONS ANOMALES
EN DROIT FRANÇAIS.

THÈSE POUR LE DOCTORAT

L'acte public sur les matières ci-après sera soutenu,
le Jeudi, 10 Avril 1862, à 2 heures,

PAR

Sylvain ROBERVAL,

Avocat.

Président : M. **BONNIER**, Professeur.

SUFFRAGANTS :
MM. **DUGNET**
PELLAT — Professeurs.
COLMET-DAAGE
BUFNOIR — Agrégé.

Le candidat répondra en outre aux questions qui lui seront faites
sur les autres matières de l'enseignement.

PARIS
IMPRIMERIE DE MOQUET
RUE DES FOSSÉS-SAINT-JACQUES, 11.
1862

A MON PÈRE A MA MÈRE.

A MA FAMILLE.

DROIT ROMAIN.

INTRODUCTION·

Dans notre législation actuelle la puissance paternelle nous apparaît comme un pouvoir de protection qui, prenant l'enfant au sortir du sein de la mère, guide son inexpérience et soutient sa faiblesse pour ne l'abandonner que lorsqu'il est en état de se diriger lui-même sans aucun secours étranger. Telle est chez nous la puissance paternelle, pouvoir protecteur dérivant du *mundium* germanique, sanctionné et limité en même temps par le droit de correction renfermé dans de sages limites et par le droit de quotité disponible restreint par le droit de réserve.

A Rome, la puissance paternelle était toute différente ; illimitée dans sa durée, elle n'était susceptible de recevoir aucune modification ni par l'âge, ni par le mariage des enfants, et le père disposait comme de sa chose de la personne du fils et des ac-quisitions faites par ce dernier. Nous voyons par la loi des XII Tables que le père avait droit de vie et de mort sur ses enfants, droit de les vendre, droit de les exposer. Ce ne fut que plus tard que les mœurs et les lois adoucirent cette puissance; aussi cette législation primitive, barbare à force d'être rigou-reuse, tendit-elle à corrompre les sentiments natu-rels; l'amour paternel se tut devant la raison d'Etat; on fut un grand citoyen avant d'être un bon père, et le mépris des douces affections de la famille fut regardé comme une vertu. C'est Brutus achetant sa popularité par le sang de sa famille (1), c'est Man-lius Imperiosus, c'est Manlius Torquatus, et quand Virginius veut prouver à sa fille tout son amour et toute sa tendresse, c'est encore la mort qui lui sert de moyen.

M. de Savigny (2), avec l'autorité qui s'attache à son nom si hautement estimé, veut justifier cette omnipotence paternelle, cette dictature du père de famille. Malgré l'autorité du nom de M. de Savigny, nous dirons que c'est là une des taches de la législa-tion.

(1) *Brutus favori civium domus suæ clade et parricidio rectificatus est.* (*Florus-Epitome rerum romanarum, lib. I, § 9*).
(2) M. de Savigny, § LIV.

5

lation romaine, une violation de la moralité dans les rapports les plus intimes et les plus tendres de la vie, une dureté aristocratique contraire au sentiment de la nature, suivant l'expression de M. Troplong (1), et nous pensons que, si Bossuet put dire avec raison que « les mœurs des Romains avaient quelque chose non-seulement de rude et de rigide, mais encore de sauvage et de farouche (2), » ceci est surtout vrai quand il s'agit de la puissance paternelle.

Ce n'est pas seulement sur la personne, c'est aussi sur les biens des fils de famille qu'à Rome la puissance paternelle exerce son omnipotence. Le fils de famille ne peut rien acquérir pour lui-même, et par conséquent avoir de propriété; car, comme il est lui-même la propriété du père il s'en suit qu'il ne peut rien avoir en propre: « *Qui in potestate nostra est nihil suum habere potest* (3). » Tout ce qu'il acquiert est acquis pour son père; les produits de son courage, de son talent, les libéralités qu'il reçoit, tout cela est acquis au père, c'est lui qui en bénéficie. Il y a dans cette représentation nécessaire du père quant au fait d'acquérir comme une unité en deux personnes, une absorption de la

(1) M. Troplong. Préface du traité des donations, page 64.

(2) Bossuet. *Disc. sur l'Hist. Univ.* Troisième partie, les Empires, ch. 6.

(3) Caïus, C. II, 87.

personnalité civile du fils dans celle du chef de famille.

Avec le temps cependant cette puissance du père sur les biens du fils diminua, comme sa puissance sur la personne, et l'apparition des différents pécules vint apporter une grave exception au principe primitif de l'acquisition au père par le fils. Nous n'étudierons pas en détail ces différents pécules; nous nous bornerons à faire une étude aussi sérieuse que possible du pécule castrans qui forme au Digeste l'objet d'un titre spécial et rempli de difficultés: « *Ubi est peculii nomen, ibi semper nodus vel scrupulus aliquis* (1). »

Du reste, ce fut l'introduction de ce pécule qui porta la plus grave atteinte au pouvoir illimité du du père sur les biens de ses enfants; ce fut une innovation très importante en ce que, permettant à un fils de famille d'avoir la pleine propriété de ce qu'il a acquis au service militaire, elle modifia le droit rigoureux de l'ancienne Rome, le vieux droit de la famille, et constitua au fils une personnalité et une individualité juridiques distinctes de celles du père.

Voilà pourquoi nous avons fait choix de ce sujet qui nous a paru intéressant à plus d'un titre.

(1) Cujas *in libro* IX *quast. Papiniani. L. Eo tempore.*

DU PÉCULE CASTRANS

L'institution du pécule castrans qui permet au fils de famille militaire d'avoir la pleine propriété de ce qu'il a acquis à la guerre ou à l'occasion de son service militaire modifia profondément l'ancienne législation, et porta un rude coup au pouvoir sans bornes du père sur les biens de ses enfants. L'opinion commune est que le pécule castrans fit sa première apparition sous Auguste; je crois plutôt que cet empereur ne fit que confirmer un état de choses existant déjà en fait, et donner la sanction législative à une institution depuis longtemps populaire. Il me semble donc plus vrai de dire que ce privilége prit naissance vers la fin de la république, à l'époque des guerres civiles, à ce moment où, pour me servir des expressions de Montesquieu, « les légions passant les Alpes et la mer, ce ne furent plus les soldats de la République, mais de Sylla, de Ma-

rius, de Pompée, de César (1) ». Tout alors « se
fait par la force et par les soldats qui se livrent à
qui plus leur donne (2) », les généraux veulent à
tout prix s'attirer des partisans dévoués, et si le testament militaire fut, d'après Montesquieu, « une
de leurs cajoleries envers les soldats (3), » il en fut
de même de l'introduction du péculo castrans. Cette
innovation fut reçue avec d'autant plus de faveur
qu'elle répondait à un besoin naturel de réaction
contre la puissance paternelle si illimitée, et que
ces guerriers si fiers, si audacieux, si terribles au
dehors, devaient se voir arracher avec peine un butin conquis au prix de leur sang. La maxime de Cicéron « *cedant arma togœ* (4) » fut renversée, et la
propriété devint accessible au fils de famille militaire, le fils paganus restant toujours frappé de son
incapacité primitive ! (5).

De là des conséquences étranges :

Un *alieni juris*, propriétaire, acquérant pour
lui-même;

Un *pater familias*, duquel on ne peut plus dire

(1) Montesquieu. *Grandeur et décadence des Romains,* Ch. IX.

(2) Bossuet. *Disc. sur l'Hist. Univ.* 3me partie, Les Empires, ch. 7.

(3) Montesquieu. *Esprit des Lois,* liv. 27, ch. unique.

(4) Cicéron, *de Officiis,* I; § 22.

(5) Il ne faut pas croire cependant que les fils de famille militaires étaient complétement affranchis de la puissance paternelle. C'est là une erreur qu'une constitution d'Alexandre a pour but de réfuter. V. loi 3, Code de *Castr. pecul.*

d'une manière absolue, comme autrefois, qu'il a le domaine quiritaire de tout ce qui entre par lui ou par les siens dans sa maison;

Une puissance paternelle incomplète;

Le fils de famille soldat, affranchi en partie d'un pouvoir auquel le fils de famille paganus reste complètement soumis;

Deux législations, l'une large et libérale pour le pécule castrans, l'autre étroite et rigoureuse pour tous les biens qui ne sont pas acquis à l'occasion du service militaire;

Un fils de famille pouvant disposer de sa fortune par testament et l'enlever à son père;

Telles sont les conséquences principales de la situation exceptionnelle que le pécule castrans fit aux fils de famille militaires, conséquences dans l'examen desquelles nous allons entrer sous ce deux rubriques:

1° De quels biens se compose le pécule castrans?

2° Quels sont les droits du fils sur ce pécule ? — Quels sont ceux du père pendant la vie du fils ? — Quels après sa mort ?

CHAPITRE PREMIER.

DE QUELS BIENS SE COMPOSE LE PÉCULE CASTRANS.

Le pécule castrans comprend tout ce que le fils de famille militaire a acquis à l'occasion de son service militaire (1), et qu'il n'aurait pas acquis sans cette qualité (2). Ainsi, il comprend, par excellence, les économies que ce fils a faites sur sa solde, sa part de butin pris à l'ennemi, les récompenses qu'il a obtenues par sa valeur, comme les couronnes castranse (3), obsidionale ou murale. Il comprend aussi les donations qui lui ont été faites en sa qualité de soldat. Mais à quels signes reconnaître si c'est en qualité de militaire qu'une donation lui est faite ?

Pour cela, il faut distinguer deux hypothèses : celle où le donateur est uni au fils donataire par les liens de la parenté ou du mariage, et celle où il lui est étranger : après avoir examiné ces deux hypothèses, nous nous demanderons quelle importance il faut attacher à la déclaration du donateur que la libéralité est faite par lui pour entrer dans le pécule

(1) *Pauli sent.* 3, 4, § 3.

(2) D. L. 11, *de castr. pecul.*

(3) La couronne castranse était celle décernée au soldat qui avait le premier pénétré dans le camp ennemi : composée dans l'origine d'un simple rameau d'arbre, ordinairement de chêne, elle fut plus tard faite en or, et on y figurait des pieux et des palissades qui l'entouraient comme autant de rayons.

castrans du donataire, puis nous montrerons que tout ce qui est acquis *ex rebus castrensibus* va grossir le pécule castrans. Tels sont les quatre points principaux que nous allons successivement étudier dans notre premier chapitrequi semble ainsi divisé naturellement comme en quatre paragraphes.

I. Supposons d'abord le donateur parent ou conjoint du donataire fils de famille militaire.

Pour savoir si la donation entre dans le pécule castrans de ce fils de famille, il faut d'abord examiner à quel moment elle lui a été faite. Lui a-t-elle été faite au moment de son départ pour l'armée, nous trouvons alors dans cette circonstance la première condition nécessaire pour que le bien donné soit acquis au pécule castrans « *castrense peculium est quod proficiscenti ad militiam datur*. (1) » Lui a-t-elle été faite au contraire après son retour, elle est en dehors de ce pécule, « *Pater, milite reverso quod donat peculii castrensis non facit* (2) »

Mais cela ne suffit pas encore pour dire que la donation fait ou ne fait pas partie du pécule militaire du fils; il faut en outre, après avoir examiné à quel moment elle a été faite, se demander quelle est la nature de l'objet donné. Est-ce un meuble ou un immeuble? Si c'est un meuble, comme un cheval,

---

(1) Pauli sent. 3, 4, § 3.
(2) l.. 13, D. de cast. pec.

des harnais, des armes, il entre dans le pécule castrans, toujours à la condition qu'il ait été donné *filio
proficiscenti* et non *filio reverso*. Est-ce un immeuble au contraire? Alors il lui demeure étranger (1).

Pourquoi cette différence? C'est qu'on conçoit
bien qu'un père donne à son fils partant pour l'armée un bon bouclier, un beau cheval, un glaive
venant de lui, etc. ;dans ces différents cas c'est bien
à l'occasion du service militaire que la donation est
faite; mais un père n'est pas dans l'habitude de
donner un immeuble à son fils, parceque celui-ci se
rend à l'armée. Toutefois, ce n'est là qu'une pré-
somption, et le contraire peut résulter de l'intention
bien évidente du donateur; il ne faudrait donc pas
croire que le pécule castrans ne pourrait comprendre des immeubles tout aussi bien que des meubles (2).

Nous plaçant maintenant avec Ulpien dans
l'hypothèse où le donateur, au lieu d'être parent,
est conjoint du fils de famille donataire, nous sup-
poserons avec ce jurisconsulte (3) une donation
d'esclave faite par la femme à son mari, à la condition qu'il l'affranchisse. Cette donation échappait à
la nullité des donations entre-vifs entre époux,

<hr>

(1) L. 1, Cod. *de cast. pec.* 12, 37. L. 4. Cod. *famil. ercisc.* 3, 36.
(2) L. 4, 3, 36, Cod. *famil. ercisc.*
(3) L. 6, D. *de cast. pec.*

pour deux raisons : d'abord parcequ'il n'y a pas là
enrichissement du donataire au détriment du donateur, or cela suffit en principe pour valider la donation, (1), et ensuite, et surtout, par faveur pour
la liberté *favore libertatis, vel quod nemo fit locu-
pletior* (2). Se plaçant dans le cas de cette exception
Ulpien se demande si cet esclave est acquis au pécule castrans du fils donataire, de telle sorte que
celui-ci puisse l'affranchir sans l'ordre du père et
jouir ensuite des droits de patronnage. Non, répond
le jurisconsulte, parceque ce n'est pas la qualité de
militaire du mari qui est la cause de la donation
« *quia uxor ei non propter militiam nota esset.* »
Mais Ulpien se hâte d'ajouter qu'il en serait autrement si la femme, en faisant cette donation, avait
eu l'intention de donner à son mari un affranchi
habilis ad militiam, par exemple, dit Pothier, si
cet affranchi pouvait servir au mari de médecin, et
soigner ses blessures. C'est ce qu'exprime fort bien
Cujas en ces termes : « *Aut uxoria adfectione eum
« servium uxor donavit, et non est in castrensi pecu-
« lio nec servus nec libertus : aut cum uxor ad cas-
« tra cunti marito donavit manumittendi causa
« ut habilem ad militiam libertum haberet, hoc casu*

(1) D. L. 21, t. 1, *de don. inl. tir. et ux.* l. 5 § 16.
(2) *Sent Pauli*, l. 2, t. 3, § 2.

« *libertus in castrensi peculio adnumeratur.* (1) »

Voilà pour le cas où le donateur est parent ou conjoint du fils de famille. Comme nous venons de le voir, il faut, avant de décider si le bien donné entre ou non dans le pécule castrans du fils, examiner à quel moment a été faite la donation, quelle est la nature du bien donné, et quelle est l'intention bien évidente du donateur.

II. Ces distinctions cessent de s'appliquer, dit Pothier, lorsque le donateur est un étranger, un homme qui n'est entré en relations avec le donataire qu'à l'occasion du service militaire. Alors, dans cette seconde hypothèse, la donation, qu'elle soit mobilière ou immobilière, faite pendant le séjour du fils à l'armée ou après son retour, entrera toujours dans le pécule castrans, puisque ce n'est qu'à l'occasion du service militaire que le donateur et le donataire se sont connus. C'est donc bien là une libéralité *quam non acquisiturus fuisset filius, nisi militasset.* C'est ainsi, nous dit Ulpien (2), que si un fils a été institué héritier par un compagnon d'armes qu'il n'a connu qu'à l'occasion de l'exercice de sa profession et pendant son séjour dans les camps, il pourra faire adition sans l'ordre de son père. Dans ce cas il n'y a aucune difficulté. Mais il

(1) Cujas *in libro* XVI, *quæst Papiniani, ad* L. XIII *de cast. pec.*
(2) L. 5, D. h. tit.

se peut que le fils ait connu ce compagnon d'armes ailleurs qu'à l'armée; il se peut qu'ils étaient déjà amis avant de se rencontrer dans les camps ou qu'ils soient agnats; dans ce cas on comprend qu'il y a doute, car ce peut être tout aussi bien à l'ami ou à l'agnat qu'au compagnon d'armes que s'adresse la libéralité; comment résoudre la difficulté? Tryphoninus la résolvait par la distinction suivante (1) le testament est-il antérieur à l'époque où les deux agnats, les deux amis sont devenus compagnons d'armes, l'hérédité dont il s'agit n'entrera pas dès lors dans le pécule castrans, c'est le père qui la recueillera; est-il postérieur, au contraire, c'est alors leur confraternité d'état qui est la cause de la libéralité, et c'est le pécule du fils de famille qui en profitera. Cette opinion de Tryphoninus est confirmée par un rescrit de Gordien au Code (2). Mais Papinien a soin de nous faire remarquer que pour que le fils profite de cette institution et fasse entrer cette hédité dans son pécule il ne sufit pas que le testateur ait été militaire comme lui, il faut qu'ils aient servi dans les mêmes camps, qu'ils aient combattu ensemble; sans cela, dit-il, *sanguinis ratio, non militiæ, causa est liberalitatis* (3).

(1) L. 19, D. h. tit.
(2) L. 4, C. h. tit, 12, 37.
(3) L. 16, D. h. tit.

III. — Nous venons de voir que quand la donation est faite par un parent, un conjoint, même par
un ami dont le fils ne doit pas la connaissance à sa
qualité de soldat, on doit examiner avec soin si c'est
bien au service militaire que le fils doit la libéralité
qui lui est faite; ajoutons que dans cet examen
il faut aller au fond de l'intention qui a dicté la libéralité sans se laisser arrêter ou séduire par les
apparences, par les paroles qui l'ont accompagnée,
par la déclaration du donateur. Par exemple, nous
dit Ulpien (1) si la femme d'un fils de famille lui
a fait une donation, ou un legs, en exprimant d'une
manière formelle que son intention est de voir sa
libéralité comprise dans le pécule castrans, cette déclaration n'aura aucune valeur *nam veritatem spec-
tamus, non quod quis finxit.*

Cette opinion d'Ulpien semble directement contraire à celle émise dans les lois 13 et 16 par Papinien qui dit que si un fils de famille militaire est
institué héritier par sa femme, il faut décider, sans
distinction, d'après un rescrit d'Adrien, que l'hérédité ira grossir le pécule castrans de ce fils. N'est-
ce pas là le contre-pied de la décision d'Ulpien?
Comment donc concilier les deux jurisconsultes?

Cujas, et après lui, Pothier, ont tenté une con-

(1) L. 8, D. h. tit.

ciliation que nous croyons devoir rejeter. Ils disent
que l'espèce sur laquelle statuent Ulpien et Papinien
n'étant pas la même, il est tout naturel que statuant
sur une espèce différente, ils donnent chacun une
solution différente. En effet, continuent-ils, dans
la loi 13, dans l'espèce de Papinien, il s'agit d'une
femme sans enfants ayant institué héritier pour le
tout son mari militaire ; or, pourquoi cette institution est-elle valable ? Parcequ'elle est faite à un
militaire ; si elle était faite à un mari *paganus*, elle
serait nulle d'après la loi Julia et Papia ; mais
Adrien a declaré valable pareille institution si elle
était faite à un mari militaire (1); dans l'espèce de
Papinien, on suppose l'institution valable, c'est donc
qu'elle doit sa validité à la qualité de militaire du
mari, dès lors il est tout juste que l'hérédité entre
dans son pécule castrans, dans son patrimoine de
militaire. — Au contraire dans l'espèce d'Ulpien il
s'agit d'une femme ayant des enfants, et alors la
libéralité ne trouvant pas la cause de sa validité
dans le service militaire, Ulpien décide avec raison
qu'elle ne tombera pas dans le pécule castrans.

Ce raisonnement de Cujas et de Pothier est cer-

(1) *Lege Julia et Papia non potuit utiliter viro relinqui hereditas testamento uxoris, sed D. Adrianus, favore militiæ, primus rescripsit militiæ causa maritum ab uxore heredem institui posse ex asse. (Cujas in libro XIX Respons. Papiniani* da L. XVI de cast. pec.).

tainement très spécieux, mais, quoiqu'habitué à nous incliner avec admiration devant toute idée émanée du cerveau de ces grands jurisconsultes, nous pensons qu'ici leur argumentation a un défaut capital, c'est de supposer que dans l'espèce de Papinien il est question d'une femme stérile, or rien ne le prouve, c'est là une supposition toute gratuite : en outre, nous n'avons trouvé aucun texte faisant allusion à cette dérogation en faveur des militaires à la loi Julia et Papia.

Il faut donc chercher une autre conciliation. Voici celle qui nous paraît la meilleure.

Nous dirons : en principe, avant de faire entrer un bien quelconque dans le pécule castrans du fils de famille, il faut voir si ce bien a été acquis *ex occasione militiæ*; tel est le point de départ, le principe fondamental et essentiel qui doit dominer la matière de la composition du pécule castrans. Par conséquent, toute institution, toute donation, tout legs faits à un fils de famille ne tomberont dans le pécule castrans que si c'est bien au militaire qu'ils s'adressent, si c'est la qualité de militaire qui est la cause de la libéralité. Ulpien a donc raison de dire que la donation et le legs faits par une femme à son mari fils de famille n'entreront pas dans le pécule castrans, car c'est au mari que s'adresse la libéralité et non au militaire. — Mais voilà que « par une

nouvelle cajolerie envers la soldatesque » Adrien
fait fléchir la rigueur et la logique des principes.
Il déclare par un rescrit que si un fils de famille
militaire est institué par sa femme, l'hérédité entrera
dans le pécule castraus de ce fils. N'est-ce pas contraire à tous les principes, n'est-ce pas là un privilège subversif de toute la théorie que nous venons
d'exposer sur la composition du pécule castrans?
car enfin c'est sa qualité de mari et nullement celle
de militaire qui est la cause de l'institution de ce
fils de famille ; il n'y a donc pas lieu de s'étonner
si Ulpien n'étend pas cette disposition exorbitante
du droit commun au delà du cas pour lequel elle
a été faite, surtout si nous remarquons que c'est là
une décision contenue dans un rescrit, c'est-à-dire
une décision spéciale sur une espèce particulière;
or, pourquoi ce qu'Adrien a décidé illégalement,
pour ainsi dire, sur l'institution d'héritier faite par
une femme à son mari , Ulpien irait-il le décider
de sa propre autorité sur les donations et les legs?
Papinien et Ulpien n'étaient donc pas en désaccord ;
étant donnée la même espèce, ils auraient probablement donné la même solution, mais l'un se plaçant dans le cas du rescrit, l'autre se plaçant en-
dehors, ils ne pouvaient arriver à la même solution.

Voyons maintenant ce qu'il faudra décider au
cas où une dot est donnée ou promise à un fils

de famille; tombera-t-elle dans son péculo castrans? Non, répond Papinien (1), elle sera acquise
au père sous la puissance de qui se trouve le fils.
Qu'est-ce, en effet, que la dot ? Cujas nous
le dit en ces termes : « *Dos nihil aliud est quam
repensatio onerum matrimonii* (2). » C'est le père
de famille qui a toutes les charges du mariage,
qui élève et nourrit sa bru, ses petits enfants, il est
donc juste que ce soit lui qui ait le bénéfice de la
dot, car, comme le dit Paul : « *Ibi dos esse debet
ubi onera matrimonii sunt* (3). » Partant de ce
principe énoncé par Paul, nous dirons que, si ce
fils est émancipé, comme c'est lui alors qui supporte les charges du ménage, la dot lui revient; de
même, si le père de famille meurt, la dot lui revient
également, et il aura un droit de préciput pour la
recouvrer (4). — Mais si l'action en restitution vient
à naître lorsque le fils est encore soumis à la puissance paternelle, la femme aura pour garantie de
cette restitution deux patrimoines, celui du père
pour le tout, et celui de son mari jusqu'à concurrence de son péculo castrans (5). » C'est l'applica-

(1) D. L. 16, *de cast. pec.*
(2) Cujas *in libro* XIX, *respons.* Papiniani, *ad* L. XVI *de cast. pec.*
(3) D. *de jure dotium.* l. 23, t. 3, l. 56 § 1.
(4) L. 20, § 2, *famil. ercisc.* D. L. 10, t. 2.
(5) L. 7, D. *de cast. pec.*

tion de la maxime : *Reipublicæ interest mulieres dotes salvas habere.*

IV. — Pour terminer sur la composition du pécule castrans, il nous reste à montrer que tout ce qui est acquis *ex rebus castrensibus* fait partie de ce pécule. Ainsi en est-il des immeubles achetés des deniers castrans (1), des équipements, chevaux, armes, etc., achetés de l'argent donné à cet effet (2), de même encore de tout ce qu'un esclave castrans acquiert par succession, donation, legs, stipulation ou autrement, et cela même au cas où c'est entre l'esclave castrans et le père de famille qu'est intervenue la stipulation. A cet égard, il est une chose digne d'être remarquée, c'est que, tandis que la stipulation qui intervient entre le père et le fils n'est valable civilement que si elle a lieu *ex causa peculii castrensis*, la stipulation qui intervient entre l'esclave castrans et le père tiendra toujours, quelle qu'en soit la cause, *ex quacumque causa tenebit* (3). Pourquoi cette différence? C'est que, comme le dit fort élégamment Papinien dans la loi 15, le fils joue un double rôle, celui de fils de famille en général, et celui de père de famille à l'égard du pécule castrans; dans le premier cas, sa

(1) L. 1, Code, h. t. l. 12, t. 37.
(2) L. 3, D. h. tit.
(3) L. 13, D. h. tit.

personnalité s'absorbe et se confond avec celle de
son père; tous deux ne forment qu'une unité en
deux personnes, une unité de droit, une dualité de
fait; ils ne peuvent, par conséquent, avoir de droits
l'un contre l'autre, puisqu'au point de vue juridique
ils ne font qu'une seule et même personne ; mais
dans le second cas, leur personnalité devenant dis -
tincte, l'un peut avoir action contre l'autre. C'est
ce qu'exprime Cujas en disant : *in pagano pater
et filius pro uno habentur in castrensi pro duobus* (1).
Au contraire, l'esclave du pécule castrans ne joue
qu'un rôle, il n'est que l'esclave du fils, tant que vit
celui-ci, et nullement celui du père; étant donc
étranger au père, il peut stipuler de lui comme il
stipule d'un étranger, soit *ex causa castrensi*, soit
ex causa pagana, et le bénéfice de la stipulation
sera acquis au fils son maître. Ainsi, peu importe
de qui et pour quelle cause il stipule, quiconque
a promis à l'esclave castrans est tenu envers le fils,
fût-ce même son père.

Voilà pour la stipulation; mais que faut-il décider au cas où un esclave castrans est institué héritier ? Ou l'institution émane d'un étranger, l'esclave devra alors pour faire adition obtenir le con-
sentement du fils, et les biens ainsi acquis tombe-

(1) Cujas, *in libro* XXXV, *quæst. Papiniani ad* L. XV *de cast. pec.*

ront dans le pécule castrans (1); ou elle émane du père de son maître, il rendra le fils héritier néces-- saire , par suite l'hérédité sera acquise sans qu'il soit besoin de faire adition (2); mais lui ne deviendra pas libre et héritier, double qualité qu'il eût acquise s'il eût fait partie du pécule profectice et qu'acquiert l'esclave institué par son maître.

Une observation terminera ce premier chapitre. Il n'y a qu'un fils de famille qui puisse avoir un pécule castrans; il ne saurait être question de ce pécule en ce qui concerne un *paterfamilias*. Néanmoins il y a intérêt à distinguer dans le patrimoine du père de famille les biens qui auraient fait partie du pécule castrans, s'ils avaient été acquis par un *alieni juris*. En effet, la qualité de *paterfamilias* n'est pas irrévocable; on l'abdique quand on se donne en adrogation; il est donc utile alors de connaître les biens que l'on a acquis à l'armée ou à l'occasion du service militaire avant l'adrogation; car on les conservera en propre à titre de pécule castrans. C'est ce que décide Tertullien (3), malgré, dit-il, le silence sur ce point des constitutions impériales. — Pour notre part, ce silence n'a rien qui nous étonne; il n'est donné à aucun législateur, à

(1) L. 19, § 1, h. tit.
(2) L. 18, *in princ.* h. tit.
(3) L. 4, D. h. tit.

aucun homme de prévoir tous les cas qui pourront se présenter. Ceci est au-dessus de la sagesse humaine.

CHAPITRE II.

DROITS RESPECTIFS DU FILS ET DU PÈRE SUR LE PÉCULE CASTRANS,

Nous avons divisé notre premier chapitre en paragraphes; nous ferons de même pour celui-ci, et nous le diviserons comme il suit :

§ I. — Quels sont les droits du fils de famille militaire sur son pécule castrans ?

§ II. — Quels sont les droits du père sur ce pécule pendant la vie du fils ?

§ III. — Quels sont-ils après la mort du fils, alors que celui-ci est mort avec un testament ?

§ IV. — Quels sont-ils, au contraire, alors que le fils est prédécédé *intestat* ?

Tels sont les quatre points principaux que nous allons successivement étudier.

I. — *Droits du fils sur son pécule castrans.* — Le fils, à l'égard de son pécule *castrans*, est considéré comme un père de famille; sa personnalité juridique se dégage de celle de son père; c'est ce que nous avons déjà rapporté d'après Papinien (1). C'est encore ce que nous dit la loi 2 au Digeste de S. C. Macéd. : *de castrensi peculio filii vice patrum*

(1) L. 15, D. h. tit.

familiarum funguntur. D'où il suit qu'il a à l'égard
de ce péculo tous les droits que confère la propriété,
sauf, comme nous le verrons plus loin, le droit d'a-
voir un héritier *ab intestat.* Il nous semblerait donc
inutile de faire l'énumération des droits du fils sur
son pécule castraus, si le titre au Digeste dont nous
nous occupons n'avait suivi cette marche. Aussi,
pour être complet sur l'explication des fragments
de ce titre, le suivrons-nous dans cette énumération.

Le péculo castraus constitue pour le fils de famille un patrimoine propre et indépendant. Il en
a la propriété irrévocable, et il n'est pas obligé, à
la mort de son père, d'en effectuer le rapport à la
succession (1). Il en a également la propriété per-
pétuelle ; nul n'a le droit de la lui enlever ; est-il
donné en adoption, est-il émancipé par son père,
il n'en conservera pas moins l'intégrité de ses biens
castrans (2).

Il exerce sans contrôle les actions relatives à ce
péculo (3), et d'autre part, c'est sur son péculo que
ses créanciers *ex quacumque causa,* se feront payer
ce qui leur est dû (4); mais il jouit à leur égard,

(1) L. 4, *in pr.* h. t. — L. 1. § 13. D. *de coll.* — Inst. 1. 2, t. 12, *princ. quibus non est permissum.*
(2) L. 12, D. *de cast. pec.*
(3) L. 1, § 1, h. t.
(4) L. 7, D. h. t.

tant qu'il est sous les drapeaux, du bénéfice de
compétence (1), nouveau privilège qu'il doit à la
faveur des empereurs ; *hoc militia extorsit*, dit
Cujas.

Lorsque les créanciers réclameront ce qui leur
est dû, le père ne pourra être forcé de répondre
aux poursuites ; et s'il s'offre de lui-même pour défendre son fils, comme tout autre défenseur, il donnera caution pour le tout, et non pas seulement
peculio tenus (2). De mêm' s'il se présente comme
demandeur, il donnera la caution de *rato* (3).

Le fils est-il institué héritier par un compagnon
d'armes ou par tout autre, mais à raison de sa qualité de militaire, comme l'hérédité va tomber dans
son pécule castrans, il peut faire adition sans l'ordre
de son père et malgré lui (4).

S'il détient dans son pécule des objets qui ne lui
appartiennent pas, comme c'est lui personnelle-
ment qui détient et possède, c'est contre lui que
le propriétaire intentera la revendication (5).

Le sénatus-consulte macédonien ne lui est pas
applicable dans les limites de son pécule ; il peut
valablement contracter un *mutuum*, et son créancier

(1) LL. 6 et 18 *De Re judic.* D. l. 42, t. 1.
(2) L. 18, § 5, D. *de cast. pec.*
(3) *Ibid.*
(4) L. 5. h. t.
(5) L. 18, § 4, h. t.

prêteur ne sera pas arrêté dans ses poursuites sur le pécule castrans (1). On a dit que c'était là un privilège exorbitant, car, tandis qu'aucune dignité, pas même celle de consul, ne donnait au fils de famille la capacité d'emprunter, voilà qu'il suffit d'embrasser la carrière des armes pour être exempt de cette loi commune, et pouvoir contracter valablement un *mutuum !* Je trouve au contraire que c'est la conséquence logique et simple des principes: en effet, le sénatus-consulte Macédonien ne s'applique qu'au fils de famille ; le fils militaire est considéré comme un père de famille à l'égard de son pécule castrans, donc, à l'égard de ce pécule, il doit être en dehors de l'application du sénatus-consulte.

Des obligations civiles peuvent exister entre le père et le fils; ils peuvent, comme nous l'avons déja vu, contracter ensemble, promettre, stipuler l'un de l'autre *ex causa peculii castrensis* (2), par suite un procès pourrait avoir lieu entre eux (3), mais le fils ne pourra citer son père en justice qu'après avoir obtenu l'autorisation du magistrat (4).

Enfin, comme il est propriétaire absolu de ses

(1) L. 1, § 3 et L. 2, D. *de S. C. Maced.*
(2) L. 15, D. *De cast. pec.*
(3) L. 4, D. *de jud.*
(4) L. 8, D. *pr. de in jus vocando.*

biens castrans, le fils peut en disposer à sa volonté, en faire des donations entre-vifs ou à cause de mort (1), et les créanciers du père ne pourront en aucune façon toucher à ce patrimoine propre du fils (2).

Tout cela n'est que la conséquence, la consécration de sa qualité de propriétaire. Mais, si étendus que soient ces droits, il manque à ce fils militaire quelque chose encore, tant qu'une dernière faveur n'est pas venue couronner toutes les autres, tant qu'il ne lui est pas permis de tester sur son pécule castrans, et de continuer après sa mort et au-delà du tombeau, sa personnalité juridique, en se choisissant un héritier. Cette dernière faveur ne se fit pas longtemps attendre ; déjà, sous Auguste, elle est concédée aux militaires en activité de service, et, sous Adrien, elle fut étendue même aux vétérans (3).

C'est là, il faut le remarquer, véritablement un nouveau privilège ; car ce droit n'était pas la conséquence de la propriété ; la faculté de tester étant une pure création de la loi, ceux là seuls, à Rome, pouvaient faire un testament valable auxquels la loi l'avait formellement permis *quibus permissum est* ; celui qui teste exerce en effet le pouvoir législatif,

(1) L. 7. *in fine de donat.*

(2) *Inst.* 1, 2. t, 12, *pr. quibus non est.*

(3) *Inst.* liv. II, t. XII, *pr.*

il fait une loi sur sa propre hérédité. Aussi fallut-il une concession spéciale des Empereurs pour que le fils de famille militaire eût ce droit sur son pé·cule castrans.

Quoi qu'il en soit, il obtint donc de la faveur des Empereurs le droit de tester sur son pécule castrans, et cela, soit *jure communi*, soit *jure militum : Filiusfamilias qui militavit de castrensi peculio tam communi quam proprio jure testamentum facere potest* (1).

Mais, pour qu'il puisse tester *jure militum*, il faut qu'au moment de sa mort, il soit encore militaire, ou qu'il ait obtenu son congé depuis moins d'une année (2).

Si donc le fils de famille militaire, ou vétéran depuis moins d'un an, a testé *jure militum*, il jouira de tous les privilèges attachés au testament militaire; c'est bien ici le cas de s'écrier avec Juvénal :

> Quis numerare queat felicis proemia, Gallo.
> Militiæ ?   (Sat. **XVI**)

Ainsi il sera affranchi des entraves légales qui assujétissent le testament ordinaire à telles et telles

(1) *Sent. Pauli*. l. 3, t. 4, §3.

(2) *Inst*. l. 2, t. XI, § 3. — Encore faut-il supposer l'obtention d'un congé honorable. (M. Ducaurroy).

formes(1); d'où la conséquence, que quand il a des enfants, par cela seul que dans son testament il ne parle pas d'eux, ils sont exhérédés; cette omission, faite sciemment de sa part, équivaut à leur 'exhérédation formelle : « *Silentium ejus pro exheredatione nomi - natim facta valet,* » (Inst. L. 2, t. 13 § 6.); car dans l'exhérédation comme dans les autres parties du testament militaire, la volonté du testateur, expresse ou tacite, est une loi souveraine.

Lorsqu'il encourt la petite diminution de tête, (ce qui arrive au cas où on se donne en adrogation, où on est émancipé, où on est donné en adoption(2), son testament ne devient pas *irritum*, mais continue de valoir *quasi ex nova militis voluntate.* (Inst. l. II. t. XI. § 5.) Et il en est ainsi, même au cas où il encourt la moyenne et la grande diminution de tête, pourvu que ce soit par suite

(1) In *testamento militis non servantur vincula juris* « nodi et catenæ juris, ut *Horatius loquitur.* »

(Cujas, *ad* L. XXII, *de bonis libert.*)

(2) Un militaire se donne-t-il en adrogation, le testament qu'il a pu faire sur tous ses biens avant son adrogation, c'est-à-dire étant *sui juris*, ne s'applique plus qu'au pécule castrans, comme s'il eût été fait pour ce pécule.

Est-il émancipé, au contraire, c'est-à-dire, de *filiusfamilias* devient-il *sui juris*, le testament qu'il n'a pu faire avant son émancipation que sur son pécule castrans se transforme et s'applique à la masse totale de ses biens. (M. Ortolan. *Explic. hist. des Inst.* l. II. t. XI, § 5).

Enfin est-il donné en adoption, sa capacité reste la même, et le testament qu'il a fait sur ses biens castrans avant l'adoption reste valable.

d'une peine infligée pour un délit militaire (1).

Il n'est pas obligé de disposer par testament de la totalité de son pécule castrans, d'où on ne lui applique pas le principe qu'un homme ne peut mourir partie *testat*, partie *intestat* : *Neque enim idem ex parte testatus, ex parte intestatus decedere potest, nisi sit miles, cujus sola voluntas in testando spectatur* (2). Il pourra donc instituer un héritier pour une part aliquote de ses biens castrans, et le reste appartiendra au père, comme au cas où il meurt intestat.

De même, et pour la même raison, il peut avoir plusieurs testaments distincts (3); dans un premier il peut instituer un héritier pour une part; dans un deuxième un autre pour le restant, et les deux testaments s'exécuteront sans que le premier soit rompu par le second (4).

La loi Falcidie ne lui sera pas non plus applicable (5), et il pourra léguer la totalité de ses biens castrans sans en réserver un quart à l'héritier institué.

En outre, le fils de famille militaire pourra instituer qui bon lui semble, un *cœlebs*, un *orbus*,

(1) D. L. 28, t. 3, l. 6, §6.
(2) *Inst.* L. II, t. XIV, § 5.
(3) D. L. 29, t. 1, L. 19, *princ.*
(4) Textes choisis des Pandectes traduits et commentés par M. Pellat.
(5) L. 12, Cod. *de test. milit.* l. 6, 1, 21. L. 7, Cod. ad. *L. Falcid.* l. 6, t. 50.

un pérégrin, un Latin Junien (1) ; l'héritier qu'il aura institué n'aura pas à craindre la plainte d'inofficiosité (2), et il pourra intenter la *petitio hereditatis*, puisque c'est bien comme hérédité que lui est transmis le pécule castrans.

Ainsi donc le fils peut se donner par testament un héritier sur ses biens castrans ; il ne peut même avoir sur ces biens qu'un héritier testamentaire ; il est semblable en cela aux Vestales, nous dit Cujas (3).

Mais supposons qu'il n'use pas de ce privilége que lui a accordé la faveur des Empereurs, supposons qu'il meure *intestat*, son père reprendra le pécule, non pas comme héritier, mais en vertu de sa *patria potestas*, et il sera censé en avoir toujours été propriétaire; la propriété lui fait retour rétroactivement (4). En effet, dit ici Théophile dans sa paraphrase, lorsque celui à qui il a été concédé par innovation quelque faveur exceptionnelle n'en a pas usé, l'ancienne loi reprend son effet; le père reprendra donc les biens *jure pristino*, en vertu de son droit ancien, c'est-à-dire, en vertu du droit qu'il avait avant que les constitutions impériales n'eus-

<hr>

(1) Caïus, C. II, § 110 et 111.
(2) L. 9 et 37, Cod. *de inoff. test.* l. 3, t. 28.
(3) Cujas *in libro VI codicis Justin.* t. 60, *de bonis maternis.*
(4) D. L. 2, *de cast. pec.* C. L. 8, *eod. tit.*

sent accordé aux fils la propriété de leur pécule
castrans. Ceci revient à dire, que le fils a sur les
biens du pécule ce que nous appellerions en droit
français, un droit de propriété sous condition
résolutoire; s'il meurt intestat, la condition est
accomplie, son droit est rétroactivement résolu, et
fait place à celui du père qui existait sous condition suspensive (1).

Ce principe posé, nous allons parcourir successivement les diverses situations où peut se trouver
le père de famille; nous allons d'abord voir quels
peuvent être ses droits sur le pécule de son fils
pendant la vie de celui-ci; c'est l'objet de notre second paragraphe.

§ II.—*Droits du père sur le pécule castrans de son fils,*
pendant la vie de celui-ci.

De ce que nous avons dit, que le fils est propriétaire de son pécule castrans, il semblé résulter que,
tant que le fils vit, le père ne peut avoir aucune espèce de droits sur ce pécule. Mais si, d'autre part,
l'on considère que la mort du fils sans testament

(1) *Jus antiquum patris per ista privilegia non omnino sublatum est, sed suspensum*
Quod si non utatur filius iis privilegiis, castrense peculium semper videtur fuisse
patris. Itaque si filius decedat intestatus. peculium castrense non dicitur patri ad-
quiri, sed non adimi.
(Cujas, *in libro* 37, tit. 6, digest : *ad. L.* 1, § *si is.*

peut rendre le père rétroactivement propriétaire, on conçoit que cette simple éventualité suffise pour que les jurisconsultes romains refusent de le traiter comme entièrement étranger au pécule. Ainsi il ne lui sera point permis de l'amoindrir, de le diminuer; mais il lui sera permis de l'améliorer, et, par exemple, de lui acquérir des servitudes actives, de le libérer des servitudes passives qui le grèvent (1). C'est à ce propos que Mæcianus, cherchant à préciser l'étendue de ses droits, le compare à un interdit qui peut rendre sa condition meilleure sans pouvoir la rendre pire (2). En même temps le même jurisconsulte a soin de nous faire remarquer qu'il ne faut pas croire que tout acte d'aliénation d'un bien castrans émané du père soit nul. Non, il n'en saurait être ainsi en vertu de la règle, d'après laquelle le pécule fait retour au père rétroactivement si le fils prédécède intestat.

Voici la distinction que ce jurisconsulte établit à cet égard : s'agit-il d'un acte de nature à emporter une aliénation actuelle, il est radicalement nul; s'agit-il, au contraire, d'un acte dont l'effet ne doit se produire qu'ultérieurement, il pourra valoir si à cette époque le fils prédécède intestat (3).

(1) D. L. 18, § 2 et 3, *de cast. pec.*
(2) L. 18, § 2, *cod.*
(3) L. 18, § 1, *cod. tit.*

D'après cela, le père n'a pas le droit, du vivant de son fils, d'intenter l'action en partage contre un communiste de l'un des objets du pécule (1), parce que le partage provoque une adjudication, c'est-à-dire une aliénation immédiate. Il ne peut même pas défendre à cette action, car s'il est vrai que, par la mort du fils sans testament il sera considéré comme ayant toujours été propriétaire des biens castrans, tout au moins n'a-t-il pas l'exercice actuel de la propriété, et sous ce rapport encore c'est avec raison qu'il est assimilé à un interdit qui ne peut procéder à aucune aliénation (2).

En vertu de la même distinction, le père ne pourra, du vivant de son fils, affranchir par la vindicte un esclave du pécule castrans, parce que cet acte est de nature à produire son effet immédiatement ou à n'en produire aucun (3).

Mais, pourra-t-il l'affranchir par testament ? Oui, et cet affranchissement sera valable si le fils prédécède *intestat* (4).

On en avait d'abord douté, et deux raisons mili-

(1) L. 18, § 2.
(2) C.f. M. Demangeat. Textes expliqués au cours de 1850.
(3) L. 19, § 4. « *Si ut heres, viro filio, vindictam servo imposuit.* » — *Heres* est ici synonyme de *dominus*. Ce mot est souvent pris dans ce sens, Justinien le fait remarquer dans ses Inst. L. 2 t. 19 §7, *veteres enim heredes pro dominis appellabant.*
(4) L. 19, § 3, *eod. tit.*

taient en faveur de ce doute. En effet, disait-on, il est constant que deux personnes ne peuvent être à la fois et pour le tout propriétaires de la même chose, or, on ne peut nier que le fils ne soit propriétaire de l'esclave de son pécule; donc le père ne l'est pas; c'est alors comme s'il avait voulu affranchir l'esclave d'autrui, et dans ce cas la nullité de l'affranchissement ne saurait être douteuse (1). — En outre, supposez que le père et le fils aient l'un et l'autre dans leur testament affranchi l'esclave, puis, qu'ils sont morts tous les deux, c'est certainement en vertu du testament du fils que l'esclave sera affranchi, donc, disait-on, cela prouve encore que le fils est propriétaire et que le père ne l'est pas.

Ce raisonnement ne put prévaloir en présence du principe de rétroactivité reconnu en faveur du père (2) : en outre, on peut répondre à la première objection que, sans admettre la coexistence de deux copropriétés qui s'excluent l'une de l'autre, on conçoit, cependant, qu'elles se succèdent de telle façon que la première soit censée n'avoir jamais existé, et que la seconde soit considérée comme ayant existé toujours; c'est un des effets ordinaires de la rétroactivité. Quant à la seconde objection, elle se réfute d'elle-même; car, en supposant que le fils a

(1) D. *lib*, 40, t. IX, L. 2.
(2) L. 19, § 3, D. *de cast.* prc

légué par son testament la liberté à son esclave castrans, elle se place en dehors du cas proposé par le
jurisconsulte, c'est-à-dire en dehors du cas où le
fils meurt *intestat*.

Passons maintenant à une autre période, et voyons
quels peuvent être les droits du père sur le pécule
castrans après la mort de son fils, soit que celui-ci
décède testat, soit qu'il décède intestat. La première de ces hypothèses fait l'objet de notre troisième paragraphe.

§ III. — *Le fils est mort avec un testament.*

Deux cas peuvent se présenter : le fils a pu en
effet instituer son père ou instituer un étranger.

Premier cas : *Il a institué son père.* — Les biens
castrans deviennent alors une véritable hérédité; le
père les prend par droit héréditaire, et non plus
par droit de puissance paternelle comme au cas où
le fils est mort intestat, la qualité de père s'efface
pour faire place à celle d'héritier. L'importance est
grande ; car voici en quoi ces deux qualités diffè-
rent :

Le père héritier doit faire adition : si donc il est
incapable de volonté, s'il est fou, par exemple,
l'hérédité lui échappe. Il en est autrement s'il vient
par droit de pécule; car alors il est propriétaire
ipso jure.

Héritier, il a une *hereditatis petitio* (1); père, une action en revendication (2).

Héritier, il ne peut, si un objet du pécule castrans vient à être soustrait avant qu'il n'ait fait adition, exercer l'action *furti, quoniam hereditati furtum non sit.* Père, se présentant *jure peculii*, il est censé avoir toujours été propriétaire des biens castrans, c'est donc à lui et non à une hérédité n'existant pas ici qu'aura été soustrait l'objet volé, il aura par conséquent l'action *furti* (3).

Enfin, et c'est ici la distinction la plus importante à remarquer, le père qui vient par droit de pécule ne peut être poursuivi par les créanciers de son fils que *jure prætorio*, seulement dans les limites du pécule et pendant une année. De plus, comme son droit exclut toute idée de testament efficace, il ne peut être question pour lui de legs à acquitter. S'il vient, au contraire, comme héritier, il est tenu de toutes les dettes, *quia semper intelligitur esse solvendo hereditas quæ invenit heredem qui adierit hereditatem* (4), il en est tenu civilement, et par conséquent la poursuite des créanciers n'est renfermée dans aucun délai; en outre, comme tout héritier testamentaire, il sera tenu d'acquitter

(1) D. *lib.* 5, t. IV, loi. 51.
(2) D. *lib.* VI, t. 1, loi 50.
(3) D. *lib.* XLI, t. 1, l. 33, § 1.
(4) Cujas *in titre* II *depuit Papin. ad.* L. XVII, *de cast. pec.*

les legs, et il ne pourra même pas retenir pour lui
la quarte Falcidie, puisqu'il s'agit du testament d'un
militaire (1).

On conçoit donc que bien des cas se présente-
ront où il lui sera plus avantageux de répudier la
succession testamentaire pour s'en tenir à sa qualité de père, et prendre les biens *jure peculii*. Mais
son choix n'est pas parfaitement libre ; il existe, en
effet, un édit du préteur (*si quis omissa causa tes-
tamenti*) (2) dont le but est de veiller à l'exécution
des testaments, et de déjouer les calculs frauduleux
des héritiers testamentaires qui, afin de profiter des
avantages de l'hérédité sans en souffrir les charges,
refusent de faire adition, afin de venir en leur qualité d'héritiers *ab intestat*. Or Papinien nous ap-
prend (3) que cet édit s'appliquera au père, et que,
malgré le défaut d'adition, il sera tenu d'acquitter
les legs sans que les légataires soient astreints à
aucun délai, *legitimi heredis exemplo cogetur
ad finem peculii perpetuo legata præstare.* Toutefois, si c'était parceque le pécule *creditoribus solvendo non est* que le père n'a point fait adition,
comme dans ce cas on ne peut lui reprocher aucun
dol, l'édit sera sans application ; de cette manière

(1) L. 17, pr. et § 1, de cast. pec.
(2) D. lib. 26, t. IV.
(3) L. 17, § 1, de cast. pec.

les legs tomberont, dit Cujas, *intercident legata, quiæ non adita hereditate, ex testamento non debentur* (1), et le père jouira de cet avantage de n'être tenu des dettes envers les créanciers du fils que *peculio tenus et intra annum utilem.*

Au cas où le fils a institué son père héritier se rattache la loi dernière de notre titre, qui nous présente un exemple (et ils sont nombreux en cette matière) où l'équité l'emporte sur le droit rigoureux. — Paul y suppose un père qui a fait du vivant de son fils un testament dans lequel il lègue directement la liberté à un esclave du pécule castrans. Comme nous l'avons vu plus haut, si le fils prédécède intestat, l'affranchissement sera valable parceque le père sera censé avoir toujours été propriétaire de l'esclave (2). Mais, dans l'espèce de Paul, il n'en est pas ainsi : le fils meurt au contraire avec un testament par lequel il institue son père survivant ; d'après la rigueur des principes, il faudrait dire que l'affranchissement est nul parcequ'au moment de la confection du testament le père n'était pas propriétaire de l'esclave, et que le

(1) Il me semble que Cujas a dit une chose tout au moins inutile en disant dans cette espèce que les legs tomberont, car, puisque le pécule est insolvable, il est certain qu'il ne peut être question de legs, c'est l'application de la règle : *Nunquam intelliguntur legata nisi deducto ære alieno.*

(2) L. 19, § 3. V. *supra.*

fils en disposant de son pécule, même au profit de son père, en a fait une véritable hérédité soumise aux règles ordinaires : Paul cependant, par un motif d'équité, déclare l'affranchissement valable, *favorabile est libertatem admittere*, en considérant qu'après tout, puisque le père est devenu propriétaire de l'esclave, l'affranchissement n'a été en quelque sorte que prématuré (1).

Voici encore une autre décision, d'un autre jurisconsulte, Tryphoninus, qui ne peut également se justifier que par le motif d'équité qui la dicte. Le jurisconsulte suppose qu'un fils de famille rentré dans la vie civile, devenu *paganus*, a fait un testament par lequel il institue un héritier sur ses biens castrans, et qu'il décède ensuite, ignorant qu'il est devenu héritier sien de son père ; son testament devrait être nul parcequ'il n'a institué d'héritier que sur ses biens castrans, et que n'étant plus militaire, il ne peut mourir partie *testat* partie *intestat*. C'est en effet ce que commande de décider la rigueur des principes, mais Tryphoninus recule devant cette conséquence et préfère déclarer que l'héritier institué pour le pécule castrans aura l'universalité des biens du testateur ; il le compare à un homme qui croit mourir pauvre, et dont la suc-

(1) L. 20, de cast. p.

cession se trouve au moment de sa mort considéra-
blement enrichie par d'heureuses spéculations,
faites dans d'autres contrées par quelques uns de
ses esclaves (1).

Deuxième cas. — *Le fils a institué un étranger.* —
Nous supposons maintenant qu'au lieu d'avoir institué son père, le fils de famille militaire a institué
un étranger. Deux partis sont possibles pour cet
étranger ; il peut ou accepter, ou répudier. Nous
aurons donc à voir quels sont les effets de son
acceptation ; quels sont au contraire les effets de sa
répudiation, et en même temps nous examinerons
quel sera le sort des acquisitions faites par les
esclaves péculiaires dans l'intervalle de la mort du
défunt à l'acceptation ou la répudiation de l'héritier.

Pour le cas où l'héritier institué acceptait, aucune
difficulté ; tous les jurisconsultes étaient d'accord
pour reconnaître l'effet rétroactif de l'adition au
jour de la mort du défunt ; tous s'accordaient à
appliquer en ce cas la fiction *Hereditas jacens
personam defuncti sustinet,* d'où la conséquence
que le bénéfice des créances stipulées par l'esclave
péculiaire ou des traditions à lui faites dans l'intervalle de la mort du défunt au jour de l'adition

(1) L. 19, § 2, D. *de cast. pec.*

était acquis à l'institué, l'esclave ayant emprunté
sa capacité à la personnalité juridique de l'hérédité,
qui, par une fiction de droit, était censée continuer
le défunt jusqu'à l'adition.

Mais, dès que nous supposons que l'héritier institué répudie, nous trouvons le désaccord entre les
deux plus grands jurisconsultes romains, Ulpien
et Papinien. Tous deux admettaient comme constant que les biens castrans répudiés font retour au
père qui les prend non pas comme héritier, mais
en sa qualité de père, *jure pristino*; dès lors le père
se trouvant ici en présence, non plus d'une hérédité,
mais d'un pécule, il ne faut plus songer à invoquer
la fiction *Hereditas jacens personam defuncti
sustinet.* Sur ce point, il y avait également accord
entre les deux jurisconsultes. Mais où ils différaient,
c'était sur la manière dont ils prétendaient faire
jouir le père de ce retour. Ulpien (1) disait que les
biens font retour au père avec effet rétroactif, absolument comme quand le fils meurt intestat, de
sorte que le père est censé en avoir toujours été propriétaire. « Cum heres non adiit, dicebam retro
« peculium patris bonis accessisse; unde posse dici
« etiam aucta patris bona per hanc repudiatio-

<hr>

« ncm » (1). Papinien, au contraire, admettait, comme nous allons tâcher de le démontrer, que ces biens font retour au père sans effet rétroactif et ne lui appartiennent que du jour de la répudiation de l'institué.

Admettant ce point de départ différent, les deux jurisconsultes admettaient des conséquences différentes. Ulpien disait : le père par la répudiation de l'héritier, étant censé avoir toujours été propriétaire du pécule, a pu léguer valablement *per vindicationem* une *res peculiaris* (2), puisqu'il en a été propriétaire et au moment de la confection du testament, et au moment de sa mort. Papinien ne s'expliquait pas sur cette espèce, mais il eût certainement admis dans ce cas que ce legs d'une *res peculiaris* n'eût pu être fait valablement par le père que *per damnationem*.

Si le père a légué par son testament, du vivant de son fils, la liberté directe à un esclave castrans, que le fils prédécède ensuite instituant un étranger qui répudie, comme les biens castrans, d'après la doctrine d'Ulpien, font retour au père rétroactivement, ce jurisconsulte admettait sans hésiter que l'affranchissement était valable comme au cas où le

(1) L. 0, de cast. pec.
(2) L. 9, ibid.

fils prédécède intestat (1). Papinien ne s'expliquait pas encore sur cette espèce, mais il est certain qu'il n'eût admis cette décision que *favore libertatis* et par une concession toute spéciale, comme le fait Tryphoninus dans la loi 19 § 5.

Mais arrivons à une hypothèse prévue également par les deux jurisconsultes et où leur désaccord est manifeste.

Tous deux supposent, l'un, Ulpien, dans la l 33 *de acquirendo rerum dominio*, l'autre, Papinien, dans la loi 14 do *cast. pec.*, une promesse sur stipulation ou une tradition de propriété faite à l'esclave péculiaire, dans l'intervalle de la mort du défunt à la répudiation de l'héritier, et ils se demandent quel sera le sort de cette stipulation ou de cette tradition. Sans aucun doute, dit Ulpien, stipulation et tradition seront valables, parceque, par la répudiation de l'institué, les biens castrans sont censés avoir toujours appartenu au père, l'esclave a donc emprunté la personnalité juridique et la capacité du père : « Si adita non sit hereditas, puto verius ut in proprio patris omnia esse spectanda (2). » Au contraire, Papinien décide que la stipulation et la tradition seront nulles, *nullius momenti*, parcequ'au moment où elles sont intervenues l'esclave était *sine*

<hr>

(1) L. 9, *ibid.*
(2) L. 33, *pr. h.* 41, t. 1.

domino : Si forte peculium, non adita hereditate, apud patrem resederit, nullius momenti videtur stipulatio aut traditio cum in illo tempore non fuerit servus patris (1).

Ceci ne prouve-t-il pas péremptoirement que, tandis qu'Ulpien admettait qu'au cas de répudiation de l'institué les biens font retour au père avec effet rétroactif, comme si le fils était mort intestat, Papinien, au contraire, admettait qu'en ce cas le père reprend les biens castrans en vertu de sa qualité de père, il est vrai, *jure pristino,* et non en qualité d'héritier, mais sans effet rétroactif, et seulement du jour de la répudiation.

Cependant voici tout à coup une volte-face de Papinien : *sed paterna verecundia nos movet, quatenus et in illa specie ubi jure pristino apud patrem peculium remanet, etiam adquisitio stipulationis, vel rei traditæ per servum fiat.* — Faut-il juger de là que Papinien détruit tout ce qu'il vient de dire ? Que faudrait-il penser d'un jurisconsulte qui poserait une conclusion si directement contraire à ses prémisses ! Evidemment, et sur ce point aucun doute n'est possible; il y a là une interpolation; mais à la charge de qui faut-il l'imputer ? Cujas y voit une note d'Ulpien pour faire triompher sa

(1) L. 11, § 1, *de cast. pec.*

doctrine : *est autem in secunda parte nota Ulpiani ad Papinianum*. M. Pellat y voit avec beaucoup plus de raison une interpolation des compilateurs de Justinien : en effet, dans cette phrase, *quatenus* est pris dans le sens de *ut*, à tel point que : ce n'est pas là, dit-il, du latin d'Ulpien, mais du latin des Grecs de Constantinople. En outre, cette raison que c'est par un juste retour au respect dû à la puissance paternelle qu'il faut se déterminer pour l'opinion contraire est une des circonlocutions et des prolixités favorites de Justinien et de ses compilateurs (1). Ces deux raisons nous paraissent péremptoires en faveur du sentiment de M. Pellat.

Quoi qu'il en soit de l'origine de cette interpolation, la certitude de la controverse qui existait entre Ulpien et Papinien n'en est pas moins acquise. Elle ressort encore du § 2 de la loi 14, comparé toujours à la même loi 33.

Ulpien, dans cette loi 33, supposant un legs fait à l'esclave péculiaire d'un fils de famille décédé *testat*, et qui vient à s'ouvrir pendant que les héritiers du fils délibèrent, met ce legs sur la même ligne que la stipulation et la tradition. Papinien, au contraire, qui vient de refuser au père le bénéfice de la stipulation et de la tradition, lui attribue

<hr>

(1) M. Pellat, Confér. sur les Pandectes, Année 1850).

le bénéfice du legs fait à l'esclave dans les mêmes cir-
constances, pourvu qu'au moment de la répudiation
il soit capable de recueillir ce legs. Est-ce un retour
à l'opinion d'Ulpien ? Loin de là, la différence des
deux décisions témoigne au contraire de la fidélité
de Papinien au principe qui lui a servi de point de
départ. Papinien déclare nulles la stipulation et la
tradition parcequ'au moment où elles sont intervenues l'esclave était *sine domino*, et que c'est un principe constant en matière de stipulation et de tradition qu'elles produisent leurs effets instantanément
(*ex præsenti vires accipiunt*.) Il déclare au contraire le legs valable parcequ'il est susceptible de
rester en suspens, comme par exemple au cas où
un usufruit est laissé à un esclave héréditaire (1),
comme au cas encore où un testateur affranchis-
sant un esclave par testament lui lègue en même
temps quelque chose (2) ; il en est de même, d'a-
près Papinien, dans notre hypothèse où on suspen-
dra le moment où *dies legati cedit* jusqu'à la répudiation de l'institué du fils, puisque c'est à ce moment seul, suivant lui, que le père devient propriétaire de l'esclave. Voilà pourquoi ce jurisconsulte
nous dit que c'est au moment seulement de cette

(1) D. *lib.* VII, t. 5, L. unic. § 2, *quando dies ususfructus.* D. *lib.* 45, t. 3, L. 26. *de stipul. serv.*

(2) *Lib.* 36, t. 2, l. 7, § 6, *quando dies legatorum,* v.

répudiation qu'on considérera la capacité du père, parceque c'est à ce moment seulement que le legs lui sera acquis « omisso testamento tunc primum « per servum adquiretur patri legatum (1), » tandis qu'au contraire Ulpien, fidèle à sa doctrine, met sur la même ligne et assimile entièrement toutes les acquisitions de l'esclave par stipulation, par tradition ou par legs, et leur fait produire un effet immédiat.

On voit donc par là que si Ulpien admettait qu'au cas de répudiation de l'institué du fils les biens font retour au père rétroactivement, comme si le fils était mort *intestat*, Papinien pensait, au contraire, que ces biens lui font retour sans rétroactivité.

Il nous reste, pour terminer cette matière, à dire quelques mots sur notre dernier paragraphe, c'est à dire sur le cas où le fils prédécède *intestat*.

§ 4. Le fils prédécède intestat.

Comme nous l'avons dit plusieurs fois déjà, si le fils prédécède sans user du privilège que les constitutions impériales lui ont accordé de tester sur son pécule castrans, le père prendra les biens du pécule par droit de puissance paternelle et ces biens lui feront retour rétroactivement. Cet état de choses

(1) D. L. 15, § 2, de cast. pec.

se perpétua jusqu'à Justinien, mais voici que cet empereur modifie ce droit par une innovation rapportée en ces termes aux Institutes : « Si intestati « decesserint, nullis liberis vel fratribus superstiti- « bus, ad parentes eorum jure communi pertinc- « bit (1). » Désormais, si un fils de famille meurt *intestat*, ses biens castrans seront recueillis par ses descendants d'abord, à défaut de ceux-ci par ses frères et ses sœurs, et en troisième lieu par ses ascendants.

Mais, ces ascendants appelés en troisième ligne, dans quel ordre viendront-ils ? Le père, le plus proche ascendant, primera-t-il l'aïeul chef de famille ? Oui, si c'est *jure successionis* que les ascendants sont ici appelés, non si c'est *jure peculii*. Justinien ne s'explique pas; il dit seulement que les ascendants viendront *jure communi*, or ces expressions signifient-elles qu'ils viendront par droit de succession ou qu'ils viendront par droit de puissance paternelle ? Rien de plus ambigu que ces mots *jure communi;* aussi les deux opinions sont-elles vivement soutenues, et la question est encore à résoudre, *et adhuc sub judice lis est.*

L'opinion la plus généralement admise est que les ascendants sont ici appelés par droit de pécule

______

(1) *Inst.* L. 3, t. 12, *pr.*

et non de succession, de sorte que l'ascendant in-
vesti de la puissance paternelle primera tous les autres : tel est, en effet, le sens de l'explication donnée
par Théophile dans sa paraphrase : « Ad parentes
« pertinebit, jure communi, id est tanquam pecu-
« lium paganum. »

En présence de cette assertion si nette, si catégo-
rique de l'un des jurisconsultes qui ont concouru
aux travaux législatifs de Justinien, nous ne croyons
pas devoir adopter l'opinion contraire, mais c'est
avec regret, car il nous semble que le mouvement
des idées juridiques aurait dû entraîner Justinien
à pousser jusqu'au bout les conséquences de son
innovation. En faisant passer les descendants, les
frères et sœurs du *de cujus* avant le père, il venait
de porter le plus rude coup à la puissance paternelle sur les fils de famille militaires; il est fâcheux
qu'il se soit arrêté en route, et que, dans ce grand
travail de destruction, il ait respecté les dernières
pierres d'un édifice à demi détruit, dont il avait lui-
même, et de ses propres mains, à peu près consommé
la ruine.

DU PÉCULE QUASI-CASTRANS.

. Peut-être est-il à propos de dire quelques mots du pécule quasi-castrans qui a, avec le pécule que nous venons d'étudier, une très-grande analogie.

Jusqu'à Constantin, la profession militaire offrit seule aux fils de famille le moyen de se créer un patrimoine détaché de celui de leur père. Sous cet empereur, on comprit que les défenseurs de l'Etat n'étaient pas tous dans l'armée, et que ceux qui servent leur pays dans la vie publique méritent autant de faveur que les militaires. C'est pourquoi Constantin, en l'année 321, assimila aux biens castrans les biens que les officiers palatins, fils de famille, énumérés en sa constitution, auraient acquis dans l'exercice de leurs fonctions ou auraient reçus des libéralités du prince (Cod. L. 12. t. 31).

Cet avantage fut successivement étendu par les empereurs suivants à divers autres fonctionnaires, et enfin Justinien l'accorda à tous ceux qui sont rémunérés par l'Etat, *qui salaria vel stipendia percipiunt publica*, et y fit entrer également tous les dons faits à qui que ce soit par l'empereur ou par l'impératrice (L 7. C. 6. 61). Les biens ainsi acquis, ils purent les conserver en pleine propriété, absolument comme nous avons vu qu'il en était des

biens acquis par les militaires. Soldats de la paix,
ils purent donc aussi avoir un pécule comme les
militaires, un pécule dit pécule quasi-castrans *ad
imitationem peculii castrensis.* C'est ce qu'exprime
Heineccius en ces termes : *Quasi castrense peculium est quod filiusfamilias occasione militiæ toga-
tæ adquirit* (1).

Nous avons dit que l'introduction du pécule quasi-
castrans est due à Constantin. Le contraire paraît
cependant résulter de plusieurs textes du Digeste
qui font mention de ce pécule comme s'il existait
déjà au temps de la jurisprudence classique ; mais
nous pensons que sa citation dans la compilation de
Justinien est l'œuvre de Tribonien. En effet, les
passages du Digeste où il en est fait mention (L.1, § 6
ad S. C. Trebell.— 3 § 5 *de bon. poss.*— 16 § 15 *de
Collat.* — 7 § 6. *de Donat.*) sont tous d'Ulpien. Or,
n'est-il pas au moins singulier que ce jurisconsulte
n'en dise pas un seul mot dans ses Règles, et que
Paul, dans ses Sentences, garde le même silence?
En outre, la constitution de Constantin semble bien
créer une faveur toute nouvelle, et non pas seulement étendre un privilége déjà reconnu et admis.
Enfin, comment comprendre qu'Ulpien se serait
borné simplement à mentionner le pécule quasi-

(1) *Heineccius, Elem. juris Justin lib.* II, § 73.

castrans sans entrer à son égard dans aucun détail,
alors surtout que ce péculo n'était pas assimilé,
dans le principe, d'une manière complète, au péculo
castrans, car, et c'est par là que nous terminerons
nos observations, tandis que le droit de tester sur
son péculo castrans appartint au fils de famille militaire dès Auguste, le droit de tester sur le péculo
quasi-castrans, au contraire, ne fut accordé, d'une
manière générale, que par Justinien, et encore le
testateur dut-il se conformer aux formes ordinaires : *testari, licito tamen modo, non prohibentur*
(C. l. 3. t. 38. 1 37).

Sous tous autres rapports, ce que nous avons dit
sur le péculo castrans s'applique également au péculo quasi-castrans.

DROIT FRANÇAIS

DES SUCCESSIONS ANOMALES

Le législateur moderne en l'art. 732 du Code Napoléon pose le grand principe que « La loi ne « recherche ni la nature, ni l'origine des biens « pour en régler la succession. »

C'est des exceptions à ce principe que nous allons nous occuper. Ces exceptions sont au nombre de trois et contenues dans les articles 351 et 352; 747, 766 du Code Nap.

Dans les art. 351 et 352, la loi suppose l'adopté mort sans descendants légitimes ou laissant des enfants ou descendants qui eux-mêmes meurent sans postérité; elle forme alors des biens donnés par l'adoptant à l'adopté une masse séparée, distincte, à la succession de laquelle elle appelle l'adoptant ou ses descendants, suivant les distinctions que nous établirons plus tard.

De même en l'art 747 la loi recherche les biens donnés par l'ascendant donateur au descendant donataire mort sans postérité et appelle à y suc-

céder l'ascendant donateur à l'exclusion de tous-
autres.

Enfin, prévoyant la mort sans postérité d'un
enfant naturel après le décès de ses père et mère,
l'art 766 distrait du patrimoine de cet enfant naturel les biens qu'il a reçus de ses père et mère et
y fait succéder les frères et sœurs légitimes.

Ne sont-ce pas là de véritables exceptions au
principe posé par l'art 732, puisque, remontant à
l'origine des biens, la loi dans ces art. 351, 352, 747
766, régit la succession aux biens donnés par des-
règles spéciales, particulières. Aussi chacun de
ces trois cas est-il dit cas de succession anomale
(des mots grecs α et $\nu o\mu o\varsigma$).

De ces trois exceptions à l'art. 732 la plus importante est sans contredit celle que l'art. 747 établit
au profit de l'ascendant donateur; c'est elle qui est
le prototype des autres; c'est d'elle que nous nous
occuperons spécialement, et c'est par elle que nous
allons commencer notre travail.

CHAPITRE I.

SUCCESSION ANOMALE DE L'ASCENDANT DONATEUR.

*Aperçu historique sur le droit de succession ano-
male de l'ascendant donateur.* — Le droit que l'art.
747 du Code Napoléon reconnaît à l'ascendant
donateur de succéder, à l'exclusion de tous autres.

aux choses par lui données à ses enfants ou descendants décédés sans postérité quand ces objets se retrouvent en nature dans la succession
n'est pas un droit nouveau. Sa base, son origine
première, est dans le droit romain. En effet, on
admit à Rome que la dot profectice ferait
retour de plein droit au père ou à l'aïeul paternel
constituant s'il survivait à la fille dotée morte
dans le mariage, soit que celle-ci eût laissé, ou non,
des enfants, qu'elle fût émancipée ou non (1). C'é-
tait, dit Pomponius, comme une sorte de consola-
tion apportée à la douleur du père « *ne et filiæ*
« *amissæ et pecuuiæ damnum sentiret* (2).

Ce droit, restreint longtemps aux constitutions
de dot, fut étendu par Théodose et Valentinien à la
donation *ante nuptias*, cette sorte de dot du mari :
elle faisait aussi retour de plein droit au père ou à
l'aïeul paternel constituant, mais seulement quand
l'enfant donataire mourait sans postérité et sous la
puissance du donateur (3). Nous voyons dans la
constitution de ces empereurs apparaître une justi-
fication nouvelle du droit de retour: c'est un moyen,
y est-il dit, d'encourager le père à donner : *ne*

(1) D. *lib.* 23, t. 3 L. 5, § 1 à 8;
D. *lib.* 21, t. 3, L. 10 et 80.
(2) D. *lib.* 23, L. 5, t. 3.
(3) Cod. *lib.* 6, t. 61, L. 2.

parentum circa liberos munificentia retardetur. •

Enfin, l'Empereur Léon, dans sa Novelle XXV postérieure à la publication du Code de Justinien, alla plus loin encore en accordant le retour de plein droit au père et à l'aïeul paternel *pour toutes donations*, pourvu que le donataire fût décédé sans enfants.

Mais, remarquons-le bien, pour tous autres donateurs que le père et l'aïeul paternel, le retour ne pouvait être que conventionnel (1).

Quant aux effets de ce retour légal en droit romain, ils consistaient à résoudre les aliénations totales ou partielles du bien donné, à anéantir les hypothèques qui le grevaient; c'était un retour fondé sur une stipulation tacite et légale aussi puissante qu'une stipulation expresse (2).

Telle est l'origine, la source première du droit que nous trouvons consacré au profit de l'ascendant donateur dans l'art. 747 du code Nap. Ce droit, fondé sur l'équité, nous arrive à travers les siècles, modifié dans ses détails, immuable dans son principe, mais, avant d'en arriver à la forme dernière qu'il revêtit, il passe dans notre ancienne jurisprudence, sous le nom, dans les pays de droit

(1) L. Unic. § 13, *de rei ux. act. Cod. lib.* 5, t. 13.
(2) Cod. L. unic. § 13, *in fine cod. tit.* et L. 12, L. 3, t. 58.

écrit de droit de réversion, (mot d'origine latine à cause du génie de ces peuples) de droit de retour dans les pays coutumiers. C'est là que nous allons maintenant l'étudier.

Le droit qui passa dans les pays de droit écrit sous le nom de droit de réversion légale y reçut, suivant l'usage de chaque province, des applica-tions diverses et *quant aux personnes qui devaient en jouir, et quant à ses effets.*

1° *Quant aux personnes qui devaient en jouir.* — Tandis que le parlement de Grenoble, scrupuleux observateur de la tradition romaine, ne faisait jouir de la réversion que le père et les ascendants pater-nels et excluait la mère et les ascendanst de sa ligne, les parlements de Paris, de Bordeaux , d'Aix et de Dijon au contraire étendaient ce bienfait à la mère donatrice et aux ascendants maternels, et le parle-ment de Toulouse allait plus loin encore en accor-dant la réversion aux frères, sœurs, oncles et tantes.

Même divergence si nous supposons que l'ascen-dant donateur est précédé par un autre ascendant plus proche en degré, dira-t-on alors que le bien donné va retourner à l'aïeul donateur par préfé-rence au père ?

Oui, dans le parlement de Grenoble, selon Fer-rière ; le parlement de Bordeaux prononce au con-traire qu'il n'y a pas lieu en ce cas au droit de réversion. Enfin la ville de Marseille prend un terme moyen et adjuge le bien donné pour moitié à chacun des deux compétiteurs.

2° *Quant à ses effets*. — Les parlements de Grenoble et de Bordeaux regardaient ce droit de réversion comme un véritable droit de résolution anéantissant toutes aliénations à titre onéreux ou à titre gratuit du bien donné, de telle sorte que celui-ci revient de plein droit « *veluti quodam jure post-liminii* » suivant l'expression de Furgole (1). Les parlements de Paris et de Dijon, au contraire, maintenaient toutes aliénations, même celles faites par testament. Enfin le parlement d'Aix prenant un terme moyen disait que les aliénations à titre gratuit du bien donné étaient nulles et ne faisaient pas obstacle au droit de réversion, mais qu'il fallait maintenir les hypothèques et les aliénations à titre onéreux.

Tant de discussions sur ces questions et bien d'autres justifient ces paroles de Bretonnier: « Après « cela quel est l'homme de bon sens qui ne déplo-« rera l'infirmité des lois humaines et l'incer-« titude des jugements des hommes, puisqu'ils sont « si remplis de variations, et que ce ne sont partout « que ténèbres et aveuglement. »

(1) *Furgole, quest. 13, sur l'ordre de 1731.*

Pays coutumiers. — Si maintenant nous passons du Midi au Nord de la France, c'est-à-dire dans les pays coutumiers, nous retrouvons le même chaos, la même incertitude. Déjà, au xiii° siècle, Beaumanoir constate l'existence du droit de retour légal, et il le justifie en ces termes : « Il serait injuste que les « père et mère qui ont donné un bien à leur enfant « mort sans postérité, perdissent à la fois leur en- « fant et leur bien, car on est plutôt reconforté « d'une perte que de deux. » N'est-ce pas dans un style plus naïf la traduction de la pensée de Pomponius rapportée plus haut? De Beaumanoir à Dumoulin nous ne trouvons plus, ni dans aucun ouvrage, ni dans la première rédaction de la coutume de Paris faite en 1510, la moindre mention du retour légal. Dumoulin cependant faisait tous ses efforts pour introduire le droit de retour dans les pays coutumiers; sa voix fut entendue, et l'art. 313 de la coutume de Paris réformée porta : « Toutefois, ils (les père, mère, « aïeul et aïeule) succèdent ès choses par eux don- « nées à leurs enfants décédant sans enfants et des- « cendants d'eux. » Et cet art. 313 devint comme le droit commun de la France coutumière, dit Ferrière.

Si maintenant nous recherchons au profit de qui existe ce droit de retour, quelles choses y sont soumises, à quel titre il s'opère, à quelles conditions il s'exerce, nous trouverons encore les plus grandes dissidences. Nous dirons cependant un mot de ces questions qui se présentent encore après plusieurs siècles sur l'interprétation de l'art. 747 du Code Napoléon.

Au profit de qui existe le droit de retour? La plupart des coutumes, et c'est le droit commun, n'accordent le retour qu'aux ascendants donateurs, mais sans distinction entre les ascendants paternels et les ascendants maternels. Une seule, celle d'Auxerre (art. 242), l'accorde aux collatéraux, une autre, celle de Valenciennes (art. 108), va plus loin encore et l'accorde même au donateur étranger et à ses héritiers.

Quelles choses sont sujettes au retour légal? La majorité des auteurs admet que le retour coutumier existe pour toutes choses données, pour les meubles aussi bien que pour les immeubles (1). Cependant Pothier était d'avis contraire : il restreint le retour aux seuls immeubles, et prouve que telle doit être l'interprétation de l'art. 313 (2). — Tel devait être en effet le véritable sens de cet art. 313

---

(1) *Sic :* Chasseneux sur la cout. de Bourgogne.— Charondas sur l'art. 313 de la cout. de Paris.— Renusson : Des propres, Ch. 2, sect. 19, n°s 19 et 20. Domat, — Lois civiles, liv. 2, t. 2, sect. 3, n° 4.

(2) Pothier, succ., ch., 2, art. 3, §2 *in fine.*

suivant Merlin, et M. Coin-Delisle partage le même
avis (1).

A quel titre s'opère le retour coutumier ? C'est à
titre successif, dit Duplessis. De Ferrière dit également : « Le droit de retour participe de la suc-
« cession et on n'en peut jouir que *titulo successio-*
« *nis* (2). »

Lebrun est du même sentiment, et c'est ce qui lui
fait décider « que le retour ne s'opère pas au profit
« du père naturel donateur; car il n'y a pas de suc-
« cession du bâtard à ses parents (3). » Enfin Pothier s'exprime en ces termes : « Ce n'est point à
« titre de réversion comme dans le droit écrit,
« mais à titre de succession proprement dite que le
« retour a lieu, comme cela résulte de ce mot *suc-*
« *cèdent* de l'art. 313 (4). » D'où il suit que dans le
droit commun de la France coutumière le droit de
retour légal était un véritable droit de succession.
Remarquons en outre que c'était une succession
séparée que formaient les biens donnés pour lesquels
existait le droit de retour. Il y a alors, dit Ferrière,
à la mort des descendants donataires, comme deux
successions qui peuvent être dévolues à deux per-

(1) Merlin. *Réper. au mot Réversion.* § 3. — M. Coin Delisle, *Revue critique de
législation*, t. X.
(2) Sur l'art. 313 de la cout. de Paris, § 3, n° 3.
(3) Lebrun liv. 1, ch. 5, sect. 2, n° 7 à 14.
(4) Succ. ch. 2, art. 3, § 2, *in fine.*

sonnes différentes, et si le même ascendant est appelé à ces deux successions, il peut accepter l'une et répudier l'autre. Ferrière ne fait aucun doute de cette solution, et il s'étonne que Duplessis ait adopté un sentiment contraire.

Comme le retour s'exerce à titre successif, le donateur est tenu des dettes de la succession *ultra vires*, selon Lebrun (1), *pro modo emolumenti*, puisqu'il n'est héritier que *in re singulari*, suivant Ferrière.

La divergence qui existait dans le droit écrit sur le point de savoir si le père donateur de son fils pouvait exercer le droit de retour même dans la succession de son petit fils, divergence qui avait donné lieu à l'exclamation de douleur de Bretonnier, existait également dans les pays coutumiers. Pour ne citer que l'opinion de Pothier, nous dirons que son sentiment était d'accorder le retour, même en ce cas (2).

Quant aux effets du retour dans les pays coutumiers, ils découlent des principes que nous venons d'exposer, car comme c'est à titre successif que le retour a lieu, il s'en suit qu'il n'éteint pas les dispositions et les aliénations que le donataire aurait faites du bien donné.

(1) Liv. 1, ch. 5, sect. 2.
(2) Pothier. Succ. Ch. 2 art. 3, § 2.

Tel fut le droit de retour dans nos pays coutumiers.

Législation intermédiaire. — Sous la législation intermédiaire le retour légal fut abrogé implicitement par la loi du 17 nivôse an II qui ne maintint que le retour conventionnel, mais cette abrogation n'atteignit pas les donations antérieurement faites à la loi du 5 brumaire an II qui prépara et précéda celle de nivôse : l'art. 5 de la loi du 23 nivôse, même année, le déclara formellement.

Code Civil. — Arrive le Code Civil. Le projet de la Commission ne s'occupait ni du retour légal, ni du retour conventionnel. C'était proscrire le premier et laisser subsister le second, car le retour légal avait besoin d'un texte pour reprendre naissance. Les tribunaux d'appel se plaignirent : leur réclamation fut accueillie, elle devait l'être. Rien n'est plus juste en effet que ce retour ; c'est un privilége si plein d'équité, qu'il est, suivant l'expression de Domat, comme de droit naturel. Il lui fut donné asile dans l'art. 31 du projet, devenu l'art. 747 du Code, ainsi conçu :

« Les ascendants succèdent, à l'exclusion de tous « autres, aux choses par eux données à leurs en- « fants ou descendants décédés sans postérité, « lorsque les objets donnés se retrouvent en nature « dans la succession. — Si les objets ont été alié-

«nés, les ascendants recueillent le prix qui peut en
« être dû. Ils succèdent aussi à l'action en reprise
« que pouvait avoir le donataire. »

Tel est l'aperçu historique de l'établissement en
France du retour légal accordé à l'ascendant donateur, de son abrogation et de son rétablissement par
le Code Nap.

Mais, avant de passer à l'explication de notre
art. 747, disons de suite que c'est à titre successif,
comme dans les pays coutumiers, que l'ascendant
donateur recueille les biens par lui donnés à son
descendant donataire mort sans postérité. Voilà
pourquoi nous avons appelé ce droit de l'ascendant
donateur, droit de succession anomale, expression
qui se trouve employée pour la première fois par
Boucheul dans ses Conventions de succéder, et qui
nous a paru plus juste que celle de retour légal qui
semblerait faire croire que le droit de l'ascendant
donateur résoud, comme au cas où le retour a été
expressément stipulé, toutes aliénations du bien
donné (1) : nous avons également préféré cette expression à celle de retour successoral qui nous pa-

___

(1) M. Tronchet au Conseil d'État a dit : « Prenez soin de ne pas opposer ce qu'on
« appelait autrefois le retour légal au retour conventionnel. Pour éviter cette con-
« fusion de deux droits de nature si différente, nous ne voulons même pas que les
« mots de retour légal soient nulle part écrits dans la loi. Le droit que nous accor-
« dons aux ascendants donateurs n'est pas un droit de retour, mais un droit de suc-
« cessibilité. »

rait avoir l'inconvénient de présenter comme l'idée accessoire, par l'adjectif successoral, ce qui est l'idée principale.

Voici l'ordre dans lequel nous développerous nos explications sur cet art. 747 :

1° Quels sont les donateurs auquel l'art. 747 accorde le droit de succession anomale ?

2° A quelles conditions ce droit a-t-il lieu ?

3° Sur quelles choses s'exerce-t-il ?

4° Quelle est sa nature ?

§ I. — Quels sont les donateurs auquels l'art. 747 accorde le droit de succession anomale?

Ce sont, répond l'art., les ascendants ; expression absolue qui n'autorise aucune distinction de sexe ou de degré. Ainsi ce droit appartient, de par l'art. 747, à tous les ascendants légitimes, quels qu'ils soient, père ou mère, aïeul ou aïeule. Mais accorderons-nous le même droit au père et mère adoptifs, aux père et mère naturels?

Pour les premiers, la réponse est facile; on ne saurait le leur refuser en présence des termes formels de l'art. 351.

La question est très-délicate au contraire à l'égard des père et mère naturels : disons d'abord que la controverse ne présente de l'intérêt qu'au cas où l'enfant naturel donataire a été reconnu à la fois par son père et par sa mère, et qu'ils lui survivent

lous les deux : la succession de l'enfant naturel est
er. ce cas dévolue pour moitié à chacun des père et
mère (765); c'est alors que s'élève la question de savoir si celui des deux qui est donateur pourra prélever les biens émanés de lui avant tout partage avec
l'autre ascendant ?

Quoique l'affirmative compte des partisans
nombreux (1), nous adoptons cependant sans hésiter l'opinion contraire, car il nous paraît certain
que les père et mère naturels ne peuvent invoquer
en faveur de ce droit qu'ils prétendent avoir aucun
texte de loi, ni l'art. 747, ni l'art. 765, ni
l'art. 766.

Ils ne peuvent d'abord invoquer l'art. 747 : la
localisation de cet art. est une première preuve
qu'il ne s'applique qu'aux ascendants légitimes ; ce
qui le prouve encore, c'est cette expression ascendants qu'il emploie comme pour bien montrer qu'il
règle des rapports de famille légitime, des rapports
non seulement de père et d'enfant, mais d'aïeul et
de petit-fils, rapports qui n'existent pas dans la
parenté naturelle.

L'art. 765 ne leur est pas plus favorable. En effet,
remarquons bien ceci : c'est que le code a séparé en
trois chefs distincts le droit de succession aux enfants

<hr>

(1) V. dans le sens de l'affirmative MM. Duranton t. VI, N° 221, Marcadé art. 747,
N° 2. Delvincourt, Chabot, Poujol, Vazeille etc.

décédés sans postérité avant leurs parents : 1° dans
les art. 351 et 352 il s'occupe des enfants adoptifs
décédés sans postérité, et là, il appelle le père
adoptif à succéder aux biens par lui donnés ; 2° en
l'art. 747 il suppose un enfant légitime mourant
sans postérité, et, là encore, il établit en faveur de
l'ascendant donateur un droit de succession anomale s'étendant aux biens donnés ; enfin l'art. 765
règle le cas où c'est un enfant naturel qui décède
sans postérité. Y voyons-nous consacré le droit de
succession anomale au profit du père ou de la mère
donateurs ? Non, il n'en est pas question. Qu'en
conclure, si ce n'est que le législateur n'a pas voulu
leur accorder ce droit exceptionnel, privilégié.

Mais on insiste et on dit que ce droit leur est accordé, indirectement, il est vrai, mais certainement
du moins, par l'art. 766. Cet art. porte « qu'en
cas de prédécès des père et mère de l'enfant naturel,
les biens qu'il en avait reçus passent aux frères ou
sœurs légitimes, » à plus forte raison, dit-on alors,
le donateur doit-il, à la mort de l'enfant naturel,
son donataire, reprendre aussi les biens donnés.

Quoi ! cet art. dit qu'en cas de prédécès des père
et mère naturels, les enfants légitimes du donateur
reprennent les biens donnés, et vous voulez en conclure qu'alors que les père et mère sont encore vi-
vants, celui des deux qui est donateur reprendra

les biens donnés à l'exclusion de l'autre! La conclusion devrait être toute contraire; on devrait plutôt dire : puisque les enfants légitimes du donateur ne peuvent pas reprendre les biens donnés par leur auteur, par le père, je suppose, tant que la mère est encore vivante, c'est donc que celui dont ils exercent le droit, le père, n'avait pas non plus ce droit tant que la mère était encore vivante.

Sentant que l'art. 766 ainsi entendu, comme il doit l'être d'après son texte, ne peut que se retourner contre eux, quelques-uns des partisans de la doctrine que nous combattons ont alors prétendu que la conjonction ET de l'art. 766 avait été employée maladroitement par les rédacteurs pour la disjonctive OU, et que le droit de succession anomale établi par cet art. 766 au profit des frères et sœurs légitimes doit leur être accordé non pas seulement au cas de prédécès des père *et* mère naturels, mais au cas même de prédécès des père *ou* mère, ce qui, étant admis, fournirait au donateur des père ou mère l'argument *a fortiori* désiré; mais cette prétention que nous croyons devoir rejeter à cause surtout de la relation évidente de l'art. 766 avec l'art. 765 a été constamment repoussée par la jurisprudence (1).

(1) V. Trois arrêts: de Dijon 1 août 1818. — Riom 1 août, 1820. — Paris, 27 novembre 1843.

On le voit donc, aucun texte, à moins d'altération, ne peut être invoqué comme consacrant au profit des père et mère naturels le droit que l'on voudrait leur accorder.

On nous oppose alors, comme dernière ressource, des arguments tirés de l'équité. Nous ne cherchons pas à en atténuer la valeur, nous dirons seulement que les raisons tirées de l'équité nous paraissent insuffisantes en l'absence de tout texte, et qu'il s'agit ici d'un droit exceptionnel que nous ne pouvons étendre par analogie.

Donc nous concluons que le père naturel n'a pas le droit, à l'encontre de la mère, de prendre avant part dans la succession de son enfant naturel les biens par lui donnés, et réciproquement (1).

Il nous semble presque inutile de faire remarquer que la question que nous venons d'examiner ne saurait s'élever à l'égard de celui qui aurait fait une libéralité à l'enfant naturel de son fils légitime, ou à l'enfant légitime de son fils naturel ; car ce donateur est, aux yeux de la loi, un véritable étranger vis à-vis des donataires.

Remarquons enfin, pour terminer cette première

(1) V. en notre sens : M. Demolombe, t. 13, No 193. M. Coin-Delisle, *Revue critique de législation*, t. X. M. Legentil, même *Revue*, t. I. MM. Ducaurroy, Bonnier et Roustain, t. II, No 353. Zachariæ, Aubry et Rau, t. V. § 693, not. 22. M. Valette cité par M. Boileux.

partie, que le droit de succession anomale peut être exercé par plusieurs ascendants à la fois non pas seulement au cas où plusieurs ascendants auront fait au donataire une donation distincte et séparée, mais même au cas où, par exemple, le père et la mère auront doté conjointement leur enfant commun dans les termes des art. 1438 et 1544 : ils sont censés alors avoir doté chacun pour moitié; aussi reprendront-ils par droit de succession anomale, à la mort de l'enfant, chacun moitié du bien donné.

Il ne sera pas même toujours besoin de supposer une donation conjointe pour concevoir l'exercice simultané du droit de succession anomale par deux ascendants, car si les époux sont mariés en communauté, et que le mari a constitué une dot à l'enfant en effets de la communauté sans déclarer pour quelle part il s'en chargeait, la femme acceptant la communauté devra supporter moitié de la dot (1439), mais en revanche elle exercera à la mort de l'enfant doté le droit de succession anomale pour la part qu'elle a supportée.

§ 2. *A quelles conditions a lieu ce droit de succession anomale consacré par l'art. 747 ?*

Quatre conditions sont nécessaires pour que ce droit de l'ascendant donateur puisse prendre naissance. Il faut d'abord que l'ascendant donateur survive au descendant donataire, ensuite que le donataire soit mort sans postérité, en troisième lieu que le bien donné se retrouve en nature dans la succession, et enfin qu'il s'y retrouve toujours avec la même qualité de bien donné.

Nous ne traiterons ici que des deux premières conditions, les deux autres devant trouver leur place naturelle dans le paragraphe qui traite des choses auxquelles s'applique le droit de succession anomale.

1° *Il faut que l'ascendant donateur survive au descendant donataire.* — Il en fut toujours ainsi, dans notre ancienne jurisprudence comme à Rome.

Le droit dont il s'agit ici est un droit exclusivement personnel qui ne peut prendre naissance qu'à la condition expresse que l'ascendant donateur ait survécu, ne fût-ce que d'un instant, au descendant donataire.

Ce n'est là qu'un point de fait qui, le plus souvent, sera très facile à établir; mais il se peut cependant que l'ascendant donateur et le descendant donataire aient péri dans le même événement sans qu'on puisse reconnaître lequel des deux est décédé le premier, appliquera-t-on alors les présomptions des art. 720 et suivants ?

Non en principe : cependant si l'ascendant donateur et le descendant donataire se trouvent respectivement appelés à se succéder, quant à la successio n ordinaire, les présomptions de l'art. 720 doivent être applicables aussi quant à la succession anomale. Il serait en effet illogique que les héritiers du donateur pussent prouver la survie de leur auteur au moyen des présomptions de l'art. 720, pour ce qui concerne la dévolution des biens composant la succession ordinaire, et ne le pussent pas pour ce qui concerne les biens donnés. La question de survie une fois tranchée par les présomptions de l'art. 720, il n'y a plus qu'un fait dès lors constant qui ne peut être certain pour partie, incertain pour partie ; il est ou il n'est pas.

Enfin il se peut que la survivance du donateur au donataire ne soit pas certaine ; il se peut, par exemple, qu'à la mort du donataire, le donateur soit absent, le droit de succession anomale prendra-t-il naissance ? Non, à moins que les héritiers de l'ascendant donateur ne prouvent que leur auteur était encore vivant au moment de la mort du donataire (art. 135 et 136).

Est-ce au contraire le donataire qui est absent ? Comme la déclaration d'absence donne ouverture en faveur de tiers à tous les droits subordonnés à la condition du décès de l'absent, sauf pour les titutaires de ces droits l'obligation de donner caution (art. 123), il s'en suit que le droit de succession anomale pourra être exercé sous la même condition par le donateur.

Nous déciderons aussi que, si le donateur, encore vivant au jour de la disparition ou dés dernières nouvelles, était mort lors de la déclaration d'absence, il faudrait admettre les héritiers du donateur à exercer le droit de succession anomale, la seule circonstance de la survie du donateur au moment des dernières nouvelles ayant suffi pour que le droit prenne naissance en sa personne.

2' *Il faut que le descendant donataire soit mort sans postérité.*—Cette condition se conçoit fort bien : le droit exceptionnel de succession anomale a été accordé à l'ascendant donateur pour qu'il n'ait pas le double chagrin de voir mourir son fils et de voir les biens qu'il lui a donnés passer dans une famille étrangère : si donc le donataire en mourant laisse une postérité, le droit du donateur ne prendra pas naissance, car les biens par lui donnés ne vont pas passer dans des mains étrangères; ils resteront dans sa famille et seront recueillis par ses petits-fils ou arrière-petits-fils, à moins que ceux ci ne renoncent à la succession de leur auteur ou n'en soient exclus comme indignes; dans ce cas , en effet, ils sont considérés (785) comme n'existant pas par rapport à la-

succession qui va être dévolue suivant les règles ordinaires aux ascendants ou collatéraux, et l'ascendant donateur viendra, en vertu de son droit anomal, s'opposer à ce que les biens par lui donnés n'aillent ainsi grossir le patrimoine de ces ascendants ou collatéraux qui lui sont peut-être étrangers (1).

Mais si le donataire laisse une postérité qui ne soit ni renonçante ni indigne, il ne peut être question du droit de l'ascendant donateur : et peu importe que cette postérité soit issue d'un mariage autre que celui en vue duquel la donation a été faite, la loi ne distingue pas, et avec raison ; car tous les enfants du donataire sont les petits-fils de l'ascendant donateur, et ont tous, malgré leur différence d'extraction, des droits égaux à son affection (2).

Aucune difficulté si c'est une postérité légitime ou légitimée que laisse le donataire ; mais faudra-t-il donner la même décision au cas où il ne laisse que des enfants adoptifs ou que des enfans naturels ?

Supposons d'abord qu'il ne laisse que des enfants adoptifs, ceux-ci vont-ils faire obstacle au droit de l'ascendant donateur ?

(1) S/e Chabo sur l'art. 747, N° 11. Toullier, t. IV, N° 223. M. Duranton, t. VI, N° 223, Dalloz, succ. ch. 5, sect. IV, art. 2. M. Demante, t. III, N° 50.
(2) C'était là un point très controversé dans notre ancienne jurisprudence.

Je le crois (1), car (350) l'enfant adoptif est placé sur la même ligne quant à la succession de l'adoptant que l'enfant né en mariage; celui ci exclurait l'ascendant donateur, il doit l'exclure aussi. En outre, le droit de l'ascendant n'existe qu'autant que le donataire n'a disposé du bien donné ni à titre gratuit, ni à titre onéreux; dans notre espèce s'il n'en a pas disposé, ayant un enfant adoptif, c'est probablement parcequ'il a cru, en présence des termes formels de l'art. 350, que ce bien appartiendrait après sa mort, comme tous les autres biens de son patrimoine, à son enfant adoptif; on irait donc contre l'intention fort probable du *de cujus* en attribuant ce bien à l'ascendant donateur; telle ne peut être la volonté du législateur.

C'est en ce sens sans doute que Chabot a dit que l'adoption est au moins un legs sur la succession de l'adoptant (2).

Allons-nous maintenir la même décision au cas où c'est un enfant naturel que laisse le descendant donataire?

(1) La doctrine nous paraît presque unanime à décider en ce sens.

Nous n'avons trouvé comme professant l'opinion contraire que M. Benoît, *de la dot*, 2, n. 201, et M. Marcadé art. 332, n. 2. Encore ce dernier auteur a-t-il abandonné cette opinion sur l'art. 717 n. 3. MM. Aubry et Rau, au contraire, après avoir, dans leurs deux premières éditions sur l'ouvrage de M. Zachariæ, admis l'opinion commune, viennent dans leur 3me édition, note 10 et 14 sur le § 608 t. 3, de décider que l'enfant adoptif ne fait pas obstacle au droit de l'ascendant donateur.

(2) Chabot sur l'art. 717, n° 13.

La question est beaucoup plus délicate; aussi les auteurs sont-ils très divisés. Pour notre part, nous hésitons beaucoup à prendre parti, nous inclinons cependant à penser que l'enfant naturel ne fera pas obstacle au droit de l'ascendant donateur.

En effet, que dit l'art. 747 ? Que l'ascendant ne sera exclu que par la postérité du donataire : par ce mot postérité il nous semble évident que le législateur n'a entendu parler que de la postérité légitime ; dans tous les autres articles de la section, c'est-à-dire dans les articles 746, 748, 749 le législateur se sert du même mot postérité, et là, il est certain qu'il n'entend parler que de la postérité légitime, nul ne peut le contester, pourquoi donc en serait-il autrement en 747 ?

On nous oppose l'art. 757 qui prouve péremptoirement, dit-on, que si l'enfant naturel n'empêche pas d'une manière absolue l'exercice du droit de l'ascendant, il le restreint du moins dans la limite de ses droits sur la succession. Je ne me dissimule pas tout ce que cet argument a de grave, mais je dis que cet article ne fait que fixer *in abstracto* la quotité des droits successifs de l'enfant naturel, or, cette fixation doit quelquefois céder devant une application particulière : *specialia generalibus derogant.* C'est ainsi que l'art. 351 nous dit que l'adoptant reprend les biens par lui donnés si l'adopté meurt sans descendants légitimes ; dans ce cas le doute est tranché par la loi ; l'adoptant exclut les enfants naturels de l'adopté, et, outre l'argument d'analogie que de cette décision nous tirons pour notre espèce, nous concluons encore que voilà, la loi à la main, une exception à la règle que l'enfant naturel a, dans la succession de ses père et mère, une portion des droits qu'il aurait eus s'il eût été légitime. Donc, l'art. 351 déroge à l'art. 757 ; pourquoi, dans une hypothèse tout-à-fait identique, 747 n'en ferait-il pas de même ? Parce que, dit-on, il n'a pas, comme l'at. 351, ajouté l'épithète légitime au mot postérité ! Mais c'eût été une superfétation inutile, puisque nos adversaires eux-mêmes sont obligés de convenir que tous les articles qui précèdent et suivent cet art. 747 ne parlent que de la postérité légitime.

Donc nous admettons, tout en reconnaissant que cette solution est excessivement contestable, que l'ascendant donateur exclura l'enfant naturel du donataire (1).

Il nous reste sur ce paragraphe une dernière question à décider, la voici :

(1) La jurisprudence décide constamment en ce sens : Cass. 3 juillet, 1832. Douai, 11 mai, 1831. Cass. 9 août 1831.

La majorité des auteurs professe l'opinion contraire. V. cependant en ce sens : M. Demolombe t. 13, § 310; MM. Legentil, *Revue critique*, t. 1, p. 42, 83 ; Paul Pont, même revue, 1852, 11, p. 12; Aubry et Rau sur Zachariæ, 3me édition, note 13. Comme sur la question précédente ces deux auteurs professaient un autre sentiment dans leurs deux premières éditions.

L'ascendant donateur peut-il reprendre les biens par lui donnés dans la succession, non plus de son descendant donataire, mais dans la succession des descendants de son donataire morts sans postérité ?

Il y avait sur ce point si grande controverse dans notre ancien droit, surtout dans les pays de droit écrit, que la Cour suprême le 28 thermidor an XI a déclaré facultative pour les juges et mis à l'abri de la cassation l'une ou l'autre interprétation. Sous le Code la jurisprudence et la doctrine se sont en général prononcées contre l'ascendant donateur (1), et avec raison. S'il en est autrement en matière d'adoption où l'adoptant reprend les biens par lui donnés non-seulement dans la succession de l'adopté, mais dans la succession des descendants de l'adopté, c'est que la loi l'a déclaré expressément par l'art. 352 : cette disposition spéciale, le législateur ne la reproduit pas à l'égard de l'ascendant légitime, n'est-ce pas la preuve la plus manifeste qu'il n'entend pas lui accorder la même faveur, surtout que l'adoptant étant moins porté à donner que l'ascendant légitime a besoin d'y être plus encouragé par le législateur? Remarquons en outre que si les choses

(1) V. en ce sens la presque unanimité des auteurs, et : Agen, 28 février 1808; Toulouse 9 janvier 1813; Cass. 18 août 1818; Nîmes, 11 mai 1819; Cass. 30 novembre 1819; Bastia 23 juin 1838; Agen 9 novembre 1817; Bastia 21 août 1818; Cass. 20 mars 1850.

se retrouvent dans la succession, non plus des enfants donataires, mais des descendants de ces enfants, elles n'y sont plus en qualité de choses données, mais de choses, recueillies à titre successif, l'ascendant n'est donc plus ici donateur, et les descendants ne sont plus donataires.

Donc on ne trouve ici aucune des conditions requises par l'art. 747 pour l'exercice du droit de succession anomale.

Enfin la rédaction primitive de l'article disait : « Les ascendants succèdent *lorsque* les donataires sont décédés sans postérité. » On changea la rédaction de l'article seulement parce qu'on voulut qu'il y eût des explications sur les choses que l'ascendant donateur pourrait reprendre à titre de succession, et dans un but grammatical, au lieu de dire : « les ascendants succèdent *lorsque* les donataires sont décédés sans postérité aux choses par eux données *lorsque* ces choses se retrouvent en nature, » on corrigea en ce sens : « Les ascendants succèdent aux choses par eux données aux donataires, etc. » Mais la pensée des rédacteurs n'en reste pas moins évidente, incontestable.

Aussi l'opinion contraire, quoique appuyée par Malleville (Analyse du Code Civil t. II, p. 216), Delvincourt (t. II, p. 40), Toullier (t. IV, n° 243), est-elle · aujourd'hui généralement rejetée (1).

§ 3. *Sur quelles choses s'exerce le droit de succession anomale de l'ascendant donateur.*

L'art. 747 nous répond en ces termes:

Les ascendants succèdent: 1° aux choses par eux données qui se retrouvent en nature dans la succession.

2° A l'action en paiement du prix si les objets donnés ont été aliénés et que le prix en soit encore dû.

3° A l'action en reprise que pouvait avoir le donataire.

D'abord les ascendants succèdent aux choses données : qu'elles soient mobilières ou immobilières, peu importe, la loi ne distingue pas, elle a tranché ainsi la controverse que nous avons vue exister sur ce point dans notre ancienne jurisprudence.

Mais il faut que ces choses se retrouvent dans la succession ; si le donataire en a disposé, soit à titre gratuit, soit à titre onéreux, le droit de l'ascendant donateur ne prend pas naissance: nous avons vu qu'il y avait encore controverse sur ce point dans notre ancienne jurisprudence, aujourd'hui le

(1) Deux arrêts seuls à notre connaissance ont prononcé en faveur de l'opinion que nous combattons. L'un est de la Cour de Toulouse, du 16 avril 1810, encor imbue peut-être à cette époque des principes des pays de droit écrit, l'autre de Cour de Metz du premier mars 1810.

doute n'est pas possible en présence des termes formels du Code.

Mais que faut-il décider au cas où la chose a
été léguée par le donataire ? On a essayé de dire
que le droit de l'ascendant l'emporterait sur celui
du légataire; car le bien donné se trouve encore en
nature dans la succession. La cour d'Agen a tenté
deux fois par deux arrêts rendus à 10 ans d'intervalle (1) de faire prévaloir cette théorie, mais elle
est restée impuissante en présence de ce principe
constant écrit en l'art. 1014 que le légataire a droit
aux objets légués dès le jour du décès du testateur;
si donc ces objets se trouvent encore matérielle-
ment dans la succession, ils n'y sont plus légale-
ment. C'est ce que décident constamment aujour-
d'hui la jurisprudence et l'unanimité des auteurs.

Enfin, après avoir dit qu'il faut que les objets
donnés, mobiliers ou immobiliers, se retrouvent
dans la succession, la loi ajoute qu'il faut qu'ils
s'y retrouvent *en nature*, qu'est-ce à dire ?

On est loin d'être d'accord sur le sens de ces
mots en nature. Pour nous, nous pensons que
par ces mots la loi veut dire qu'il faut que les objets
donnés se retrouvent dans leur identité physique
et matérielle; tel est le sens grammatical de ces mots,

(1) Agen, 13 mars 1817 et 11 décembre 1827.

6

c'est celui qui se présente le plus facilement à l'esprit, ce doit être celui qu'a voulu leur donner le législateur. Dans les trois art. où il s'occupe des successions anomales, le législateur reproduit ces mêmes expressions; il ne se contente pas de dire qu'il faut que les biens donnés se retrouvent dans la succession, non, il déclare trois fois qu'il faut qu'ils s'y retrouvent *en nature* : il semble que le législateur veuille éviter toute ambiguité, prévenir tout doute, or ne va-t-on pas contre sa volonté fort probable quand on décide, comme le fait un parti puissant et recommandable dans la doctrine, que l'ascendant succèdera non pas seulement à la chose en nature, *in specie*, mais encore à toute autre chose nouvelle et différente, pourvu que cette chose ait été subrogée d'une manière certaine aux objets donnés !

Voyez en outre l'art. 1015 qui se sert aussi de cette même expression *en nature :* là, nul ne peut le contester, la loi disant que le déposant est tenu de restituer la chose en nature, entend évidemment qu'il doit la restituer *in specie*, dans son identité matérielle; il en est encore de même dans les art. 1470, 1471, 1493, où ces mots *en nature* s'entendent évidemment d'une identité physique, absolue. Est-on bien autorisé à venir dire que ces mêmes mots se retrouvant dans les art. 351, 747, 760, ont un sens tout différent, ou plutôt qu'ils n'ont aucun sens, car la doctrine que nous combattons, en n'en tenant aucun compte, arrive indirectement, mais forcément, à les supprimer, malgré le soin que le législateur prend de les répéter trois fois, dans les trois art. qui traitent des successions anomales !

Disons enfin que dans une matière tout exceptionnelle, toute dérogatoire au droit commun comme la nôtre, il faut s'en tenir aux termes mêmes de la loi et se garder de toute extension qui n'est pas formellement autorisée par les textes.

Nous n'admettrons donc l'ascendant donateur à exercer son droit de succession anomale qu'autant que les objets donnés se retrouveront *in specie* dans la succession.

Par conséquent, nous ne lui permettrons pas de succéder à la chose que l'enfant donataire aurait acquise en échange de celle qu'il lui aurait donnée, parceque ce n'est pas l'objet même qui a été donné: En vain invoquera-t-on contre cette décision les art. 1407 et 1559, nous répondrons que ces articles constituent une dérogation au droit commun, et qu'il ne faut pas les étendre, qu'en outre, le soin même que le législateur a pris de déclarer formellement que dans les cas de ces deux articles il y aurait subrogation prouve qu'il n'en est ainsi que dans les cas où la loi l'a déclaré. Du reste, ne pouvons-nous pas tirer un argument d'analogie de ce qui se passo en matière de legs ? L'art. 1038 nous dit que le droit d'un légataire de corps certain ne prend pas naissance quand l'objet légué a été échangé, pourquoi en serait-il autrement du droit de l'ascendant donateur ?

De même, nous ne permettrons pas davantage à l'ascendant donateur d'exercer le droit de succession anomale sur la chose acquise en remploi du bien donné. Et il nous semble qu'on no pourrait déduire contre nous aucun argument de l'article 132, car, s'il est vrai que d'après cet article l'absent peut recouvrer les biens acquis en remploi de ses biens vendus, c'est parceque la loi le déclare formellement. Quand donc elle veut qu'il en soit ainsi, elle a soin de le déclarer, elle ne le sous-entend pas. De plus, remarquons ceci, c'est qu'il y a remploi quand, avec le prix d'un bien vendu, on achète un autre bien ; or, dire que le droit de l'ascendant s'étend sur l'immeuble acquis en remploi n'est-ce pas aller tout au contraire de cette disposition formelle de notre article qui déclare expressément que quand le bien donné est aliéné et que le prix en est payé, le droit de l'ascendant ne naît pas ! (1)

(1) En ce sens MM. Demolombe N. 520 et 838. Marcadé, art. 717 n. 2. Ducauroy, Bonnier et Roustain, t. II, n. 483. — M. Demante art. 717. MM. Duverger et Colmet de Santerre à leurs cours.

Contra, MM. Dalloz, ch. 3, sect. IV, art. 2, § IV. Chabot n° 52. — Merlin (Répert.) — Delvincourt, p. 19, note 11. — Duranton, t. VI, n° 233. — Zachariæ, Aubry et Rau, t. V, § 608, note 30, etc.

Voilà pour le cas où la chose donnée est une chose déterminée. Supposons maintenant que le donateur soit un donateur de sommes d'argent, faut-il l'admettre à reprendre dans la succession du donataire une somme équivalente à celle qu'il a donnée, ou, à défaut de numéraire, des billets, obligations ou effets publics, et réciproquement ?

Oui, disent Chabot (n° 21), Toullier (n° 227), Malleville (t. 2, p. 221), Delvincourt (t. 2, p. 18, note 5). Une pièce de monnaie, disent-ils, en substance, en vaut une autre; l'argent est une de ces choses que la loi appelle fongibles, c'est-à-dire qui existent en nature dans toutes les choses de même espèce. Et puis, comme des billets, des reconnaissances, des créances d'argent, des obligations ou autres effets publics ne sont qu'une espèce de monnaie courante qui remplace l'argent et que l'argent remplace, il suffira, pour que l'ascendant qui a donné de l'argent exerce son droit, qu'il retrouve des billets, actions, etc., et *vice versa* (1).

Pour nous qui venons de rejeter plus haut la prétention de l'ascendant qui voudrait exercer son droit sur l'immeuble acquis en échange ou en rem-

---

(1) Cf. arrêt de la cour de cassation de 30 juin 1817, confirmatif d'un arrêt de la cour de Rouen.

ploi de l'objet donné, nous n'hésiterons pas à le repousser ici *a fortiori*. Mais nous pensons que, même en admettant que le droit de l'ascendant s'étend aux immeubles acquis en échange ou en remploi de l'objet donné, il n'y a pas inconséquence à repousser sa prétention quand, donateur d'une somme d'argent, il veut reprendre des billets, et réciproquement. C'est ce que fait M. Duranton. En effet, outre que cette théorie de Chabot et ses partisans sur les choses fongibles est purement imaginaire, nulle chose en soi n'étant fongible de sa nature et ne le devenant que par la volonté de l'homme, M. Duranton fait fort bien remarquer que ces billets, cet argent, retrouvés peut-être 20 ou 30 ans après la donation ont probablement une origine autre que la donation. Il est probable que l'argent donné aura été perdu, et que le donataire, s'il a recouvré une somme égale à celle donnée, l'a recouvrée par son industrie; or rien, dit-il, ne prouve que la somme qui se retrouve dans la succession soit précisément la somme donnée, tandis qu'au cas d'échange, la chose donnée est remplacée par une chose distincte, impossible à confondre avec le reste de la succession (1).

Une dernière observation pour montrer la faus-

(1) Cf. M. Duranton, t. VI, n. 235 à 239.

seté de cette théorie de Chabot et de ses partisans.
En autorisant le donateur d'un billet à reprendre
une somme d'argent, non seulement on lui rend
autre chose que ce qu'il a donné, mais on lui rend
souvent plus. Les Romains disaient : *plus est habere
rem quam actionem.* A l'inverse, en lui rendant un
billet au lieu d'une somme d'argent on lui rend
peut-être moins que ce qu'il a donné, et à coup sûr
on lui rend toute autre chose.

Mais est-ce à dire que nous n'admettrons jamais
la reprise du numéraire donné? Non, nous n'allons
pas jusque là. Nous disons que quand ce numéraire
se retrouvera en nature, l'ascendant le reprendra.
Cela sera rare, c'est vrai, mais cela arrivera quelquefois. Supposez, par exemple, qu'il s'agisse d'une
somme donnée à un officier public pour fournir à
son cautionnement et être déposée à ce titre dans les
caisses de l'État, ou d'une somme que l'ascendant a
remise chez un notaire ou chez un banquier à la
disposition de son descendant, mais que celui-ci
meure avant de l'avoir retirée des mains du banquier ou du notaire, voilà deux cas, et l'on en
pourrait citer d'autres, où l'ascendant retrouvera
bien en nature le numéraire donné.

2° « *Si les objets donnés ont été aliénés, les
ascendants recueillent le prix qui peut en être dû,* »
nous dit l'art. 747.

Pourquoi les ascendants succèdent-ils ainsi à l'action en paiement du prix de l'objet donné aliéné? Est-ce parceque, tant que le prix n'a pas été payé, il n'est pas confondu dans le patrimoine du défunt, de telle sorte que l'ascendant peut dire: Voilà bien l'argent provenu de la chose par moi donnée. Je ne crois pas qu'il faille donner à cette décision du législateur ce motif qui laisserait aux adversaires de la doctrine que nous venons de combattre plus haut, une arme puissante, en leur permettant de dire qu'il en est de même au cas d'échange. Aussi, repoussons-nous ce motif. Nous disons : l'ascendant succède à l'action en paiement du prix, parce que, tant que le prix n'est pas payé, l'aliénation n'est pas définitive ; le bien n'est pas encore sorti irrévocablement du patrimoine du donataire, et si l'acheteur ne paie pas le prix, la vente sera résolue (1654), considérée comme n'ayant jamais existé; or, le donateur qui succède aux actions en reprise, et, par conséquent, à l'action en résolution de la vente pour défaut de paiement du prix, doit succéder aussi à l'action en paiement, car la première étant la sanction de celle-ci, on ne peut mettre ces deux actions en deux mains différentes (1).

De ce que l'ascendant donateur succède à l'action

____

(1) *Sic :* MM. Demolombe n. 821, Marcadé, art. 747, n. VIII.

en paiement du prix, nous conclurons que, si le descendant donataire était exproprié pour cause d'utilité publique de l'immeuble donné, et que l'indemnité ne fût pas encore payée, l'ascendant pourrait recueillir cette indemnité à laquelle la loi du 3 mai 1841 donne, dans son art. 18, le nom même de prix.

Mais l'ascendant donateur pourrait-il se faire adjuger l'indemnité non payée de l'assurance de l'immeuble qu'il a donné et qu'a dévoré l'incendie ?

Non, car la somme assurée n'est pas un prix de vente, mais le produit du contrat d'assurance, sans lequel elle ne serait pas due.

3° « *Les ascendants succèdent enfin à l'action* « *en reprise que pouvait avoir le donataire.* » — L'action en reprise est une action qui tend au recouvrement de la chose elle-même en nature, qui anéantit *in præteritum* la cause de l'aliénation comme si elle n'avait jamais eu lieu, voilà pourquoi l'ascendant y succède. *Qui habet actionem ad rem recuperandam rem ipsam habere videtur*, disaient les Romains. Ainsi en est-il des actions en nullité ou en rescision, en résolution de contrat, en révocation de donation, en revendication.

Il succède de même à l'action en reprise ou en restitution de dot que le donataire époux peut avoir, à raison du bien donné, contre son conjoint ou contre la communauté : la déclaration eu a été faite au Conseil d'État par MM. Malleville, Camba-cérès et Tronchet (1).

Ainsi, supposons d'abord que le donataire était en communauté de biens avec son conjoint ;

1° Ou le bien donné n'est pas entré en commu-nauté, l'ascendant le retrouve alors en nature comme n'étant jamais sorti du patrimoine du dé-funt.

2° Ou il a été échangé contre un autre ; l'ascen-dant donateur reprend celui acquis en échange aux termes de l'art. 1407.

3° Ou il a été aliéné, et avec l'argent provenant de l'aliénation un autre a été acquis en rem-ploi, l'ascendant donateur pourra, aux termes de l'art. 1470, reprendre le bien ainsi acquis en remploi. Voilà, dit-on, deux dispositions qui prou-vent bien qu'il n'est pas nécessaire que le bien existe en nature dans sa matérialité même pour que le droit de l'ascendant donateur puisse s'exer-cer. A cela je réponds qu'il ne faut pas généraliser ce qui n'est qu'une disposition spéciale admise en faveur du mariage ; l'espèce suivante le prouve :

4° Ou le bien donné par l'ascendant a été aliéné et le prix provenant de l'aliénation est tombé dans

(1) V. Pothier, t. XII, p. 23 et suiv.

la communauté. Le donataire est autorisé à prélever ce prix sur la masse de la communauté; si donc il est décédé, l'ascendant donateur succèdera également à cette action en prélèvement du prix. Ceci nous prouve bien qu'il ne faut pas étendre ces dispositions particulières, car si nous les généralisions, nous arriverions à dire que l'ascendant donateur recueille toujours le prix même payé des biens donnés aliénés, or ne serait-ce pas évidemment contraire au texte de l'art 747 qui dit formellement que quand le bien donné a été aliéné, l'ascendant n'en recueille le prix que s'il est encore dû.

Donc, de ce que l'ascendant comme succédant à l'action en reprise qu'a l'époux donataire contre la communauté ou contre son conjoint, peut exercer son droit même sur le bien acquis en échange ou en remploi du bien donné, il ne faut pas conclure qu'il en est toujours ainsi et même quand le donataire est un non époux, car alors il faudrait décider également, ce qui est directement contraire au texte de l'art. 747, qu'il recueille toujours au cas d'aliénation, le prix même payé du bien donné.

Remarquons que si c'est du chef de la femme que l'ascendant donateur succède à l'action en reprise, il pourra, comme le pourrait la femme elle-même, l'exercer même sur les biens personnels du mari. A l'inverse si c'était le mari qui fût donataire, comme la femme, en cas d'insuffisance des biens de la communauté, a recours même sur les biens personnels du mari, il s'en suit que les reprises de la femme pourraient absorber les biens donnés, de sorte que le droit de succession anomale de l'ascendant ne pourrait pas utilement s'exercer. C'est alors comme si le bien ne se trouvait pas dans la succession du donataire.

Enfin supposons, les conjoints étant toujours mariés sous le régime de la communauté, que le bien donné par l'ascendant à l'un des époux soit tombé en communauté par la volonté de l'homme ou par celle de la loi, dirons-nous qu'alors l'ascendant a perdu tout espoir de jamais recouvrer, en vertu de son droit de succession anomale, le bien donné? Je ne le crois pas. D'abord l'époux dont le bien est devenu commun en est toujours copropriétaire pour moitié. Il y a plus : si, par l'effet du partage de la communauté à sa dissolution, ce bien est mis dans son lot, il sera censé en avoir toujours eu la propriété entière, et l'ascendant alors élèvera de justes prétentions sur ce bien qu'il retrouve en nature dans le patrimoine du donataire.

De tout cela il résulte que l'ascendant donateur succède à l'action en reprise qu'aurait l'époux donataire, et qu'il y succède avec les mêmes effets. Il en est ainsi sous quelque régime que les époux soient mariés. C'est ainsi qu'il succède encore à l'action en reprise qui appartiendrait à la femme dotée contre son mari dans les cas des art. 1531, 1532, 1564, ou à l'un ou à l'autre des époux contre la communauté pour le recouvrement des valeurs mobilières qu'ils se sont réservées propres (1503).

Nous avons dit plus haut qu'il ne fallait pas généraliser ces dispositions exceptionnelles et dire que l'ascendant succède toujours au bien acquis en échange ou en remploi du bien donné. Nous maintenons cette décision : en effet, quand l'aliénation est ainsi faite par l'époux donataire, on ne peut pas dire qu'elle soit définitive : non, elle n'a lieu que sauf le droit de reprendre le bien donné ou un bien équivalent. L'aliénation n'est donc pas définitive comme quand un donataire non époux aliène le bien qui lui a été donné, auquel cas il ne lui reste plus rien du bien donné; mais ici il lui reste l'action en reprise, or le donateur succède à ce qui reste de bien donné, c'est pourquoi il succède à l'action en reprise.

Nous n'avons plus, pour terminer cette troisième partie, qu'à dire quelques mots des deux questions suivantes :

1° Le droit de succession anomale de l'ascendant pourrait-il être exercé si la chose donnée, après avoir été définitivement aliénée par l'enfant donataire, était ensuite rentrée à titre nouveau dans son patrimoine ?

2° L'ascendant donateur a-t-il droit à indemnité à raison des détériorations des biens donnés, et doit-il indemnité pour les améliorations?

La première question, quoique controversée, ne nous arrêtera pas longtemps; elle nous semble devoir être résolue dans le sens de la négative. En effet, si le bien, après avoir été aliéné par le donataire, est ensuite rentré dans son patrimoine à titre d'achat, par exemple, peut-on dire qu'il s'y trouve comme bien donné? Non, puisqu'il y est comme bien acheté. Or, l'ascendant ne succède qu'aux biens donnés et non aux biens achetés, donc son droit ne doit pas prendre naissance dans l'espèce qui nous occupe.

En outre, supposez, comme l'a fort bien fait remarquer M. Dalloz, que le donataire vende le bien donné à un autre ascendant, et que celui-ci le lui donne à son tour, évidemment ce sera le second ascendant qui aura le droit d'y succéder. Ceci prouve bien qu'il ne suffit pas que les choses données se retrouvent en nature dans le patrimoine du donataire, qu'il faut de plus qu'elles y soient en tant que choses données (1); c'est là, nous l'avons dit au

---

(1) *Sic* Chabot, n. 21. Favard, sect. 3, § 2.— Malpet, n. 133. — MM. Zachariæ, Aubry et Rau, t. V, § 608, note 33. — Demolombe, n. 836, — Marcadé, art. 747, n. 6 Ducaurroy, Bonnier, Roustain, t. II, n. 493.

commencement de notre second paragraphe, la quatrième des conditions nécessaires à l'exercice du droit de l'ascendant.

Quant à la seconde question, elle nous semble beaucoup plus difficile à résoudre. Un premier point constant, c'est que l'ascendant n'a point droit à indemnité pour les détériorations du bien donné; il reprend celui-ci dans l'état où il se trouve, et il n'a pas à se plaindre, car le donataire qui pouvait par une aliénation détruire le droit de succession anomale a bien pu *a fortiori* le détruire en partie.

Mais il ne faut pas conclure de là, comme le font Toullier et M. Démolombe (1), que réciproquement le donateur peut profiter sans payer d'indemnité des améliorations et augmentations que le donataire a procurées à la chose donnée. Je veux bien que l'ascendant bénéficie des accroissements accidentels et fortuits qu'a reçus la chose, et dont elle eût été enrichie même entre les mains du donateur; mais nous rendrions à ce dernier plus qu'il n'a donné, et nous l'enrichirions aux dépens d'autrui, si nous lui accordions sans récompense les améliorations, œuvre de l'homme. Quoi ! un possesseur, même de mauvaise foi, a droit à indemnité pour ces améliorations et la succession du donataire ne l'aurait pas ! L'ascen-

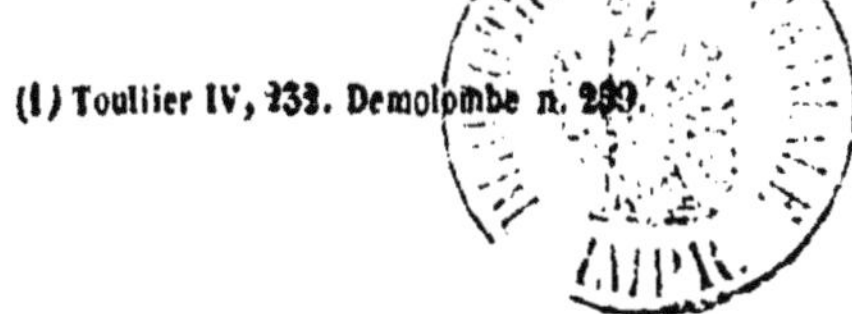

(1) Toullier IV, 233. Demolombe n. 209.

dant, nous dit la loi, peut avoir moins que le bien donné, le plus souvent même il n'en aura rien, et vous voulez lui donner plus !

Il n'exerce le droit de succession anomale que sur les choses dont il est donateur, or est-il donc donateur des améliorations survenues par le fait du donataire ?

Non évidemment. En conséquence, nous dirons qu'il sera tenu d'indemniser la succession ordinaire :

1° Des dépenses nécessaires faites par le donataire, pour tout le montant de ces dépenses.

2° Des dépenses utiles, jusqu'à concurrence de la plus value procurée au bien donné.

Mais il ne devra rien pour les dépenses voluptuaires, ni pour celles d'entretien ; elles sont la charge, pour ainsi dire, de l'agrément et de la jouissance.

Par la même raison, nous ferons payer par l'ascendant les frais de labour et de semences lorsqu'au décès du donataire l'ascendant trouve sur l'immeuble par lui donné des fruits existants et non coupés : une exception unique à ce principe a été accordée par l'art. 585 en faveur de l'usufruitier : il serait arbitraire d'en créer une seconde (1).

(1) *Sic :* MM. Marcadé art. 747, n. 7. — Duranton VI, 216. — Chabot art. 747, n. 23. — Vazeille art. 747, n. 21. — Zachariæ, Aubry et Rau § 640 *bis* notes 8 et 9, t. V.

§ IV. — *De la nature du droit de l'ascendant donateur.*

Nous l'avons dit au début de notre travail, le droit qu'a l'ascendant donateur de reprendre les biens par lui donnés à son descendant donataire mort sans postérité est un droit de succession. Nous avons vu qu'il en était autrement à Rome et dans nos pays de droit écrit, tandis que dans les pays coutumiers il était universellement reconnu que le droit de l'ascendant s'exerçait *titulo successionis.* Nous avons cité à cette occasion les paroles mêmes dont se servaient Duplessis, Ferrière, Lebrun, Pothier, pour qualifier ce droit de l'ascendant. Arrivant ensuite aux travaux préparatoires du Code, nous avons rappelé ces paroles de M. Tronchet prononcées dans la discussion au Conseil d'Etat : « Le droit que nous accordons aux ascendants donateurs n'est pas « un droit de retour, mais un droit de successibi. « lité. » En présence de ces paroles si claires, si précises de M. Tronchet, il est hors de doute, quoi qu'en ait dit M. Malleville, que le législateur moderne a opté pour le système des pays coutumiers : la place qu'occupe l'art. 747 dans le titre des successions, les expressions dont il se sert, « Les ascendants *succèdent,* » enfin l'obligation imposée à l'ascendant de respecter les droits des tiers et de ne

reprendre les biens que dans l'état où ils se trouvent, démontrent encore cette vérité jusqu'à l'évi-
dence.

C'est donc par voie de succession que l'ascendant
recueille les choses qu'il a données. De là résultent,
entre autres, les conséquences suivantes :

1° Il ne pourra recueillir les choses par lui données qu'autant qu'il aura les qualités requises pour
succéder, c'est à dire qu'autant qu'il sera capable
et non indigne. (725, 727).

2° Il ne peut, tant que la succession du donataire
n'est pas ouverte, céder son droit, y renoncer, le
vendre, etc., (art. 791, 1130, 1600).

3° Il doit payer à l'Etat le droit proportionnel
de mutation, et non un simple droit fixe comme
au cas de retour conventionnel. (Cassation. 28 décembre 1829.)

4° Enfin il sera tenu de contribuer aux dettes et
charges de la succession en raison de la valeur de
l'objet recueilli comparée à la valeur des autres biens
de la succession.

Mais en sera-t-il tenu *ultra vires* ou seulement
pro modo emolumenti ?

Nous pensons, pour notre part, qu'il n'en sera
tenu que *pro modo emolumenti.* D'abord il en est
ainsi à l'égard de l'adoptant et de ses descendants au
cas des art. 351 et 352 : de même à l'égard des

frères et sœurs légitimes de l'enfant naturel au cas de l'art. 766 : pourquoi en serait-il autrement de l'ascendant donateur au cas de l'art. 747 ? Tous ceux au profit de qui existe le droit de succession anomale ne sont que *succesores in re singulari ;* ils ne devraient donc pas contribuer du tout aux dettes; mais la loi, par un motif d'équité, et parceque les biens donnés peuvent constituer une grande partie du patrimoine du défunt, déclare en l'art. 352 que l'adoptant ne pourra reprendre les biens donnés qu'à la condition de contribuer aux dettes; évidemment, en cet article, elle n'entend mettre les dettes à sa charge que jusqu'à concurrence de ce qu'il recueille : si donc par argument d'analogie nous étendons cette disposition de l'art. 351 à l'article 747, nous ne devons pas lui faire produire plus d'effets dans un cas que dans l'autre. Qu'on ne dise pas que l'ascendant donateur est un véritable héritier, et que comme tel il doit être tenu *ultra vires;* c'est là une pétition de principes, car nous lui refusons précisément la qualité d'héritier. Nous disons, c'est un successeur *in re singulari* et non un héritier : car son droit repose bien moins sur sa qualité de parent que sur celle de donateur; en conséquence, s'il est tenu des dettes, c'est en vertu de l'art. 351, et non en vertu de l'art. 724. Enfin nous ne croyons pas qu'on puisse dire qu'en sa qualité de donateur il continue la personne du défunt, dès lors l'on ne peut le soumettre à l'obligation de payer les dettes de ce dernier sur son propre patrimoine.

Voilà pour ce qui concerne la contribution aux dettes héréditaires. Mais quelle sera la mesure du droit de poursuite des créanciers ?

La règle générale est que les créanciers sont poursuivis pour leur part héréditaire (1220). Or, ici il n'est pas déterminé dans quelle proportion l'ascendant donateur succède, sa part héréditaire n'est pas fixée, les créanciers devront-ils différer l'exercice de leur action jusqu'au jour où la liquidation de la succession sera terminée ?

Non, l'art. 873 reçoit ici son application. Chaque fois qu'il y a lieu au droit de succession anomale, les créanciers poursuivront pour une part virile tous les héritiers, anomaux et ordinaires, car, tant que la part du successeur anomal n'est pas fixée, la fraction héréditaire de tous les héritiers reste aussi indéterminée : on décide alors que l'action ne pourra être exercée contre chacun d'eux que proportionnellement à sa part virile, sauf à celui qui aura ainsi payé au-delà de sa part contributoire à recourir contre ceux qui auront payé une somme moindre que celle que la contribution met à leur charge.

De même, recours contre la succession sera donné

à l'ascendant donateur, qui, par l'effet de l'hypothèque grevant le bien donné, aura payé au-delà
de sa part contributoire. Et cette décision ne contrarie
pas la doctrine admise à la fin de notre paragraphe 3,
d'après laquelle l'ascendant reprend les biens donnés sans pouvoir réclamer aucune indemnité pour
les aliénations totales ou partielles ou pour les dé-
membrements de propriété des biens donnés, car
l'unique objet de la constitution d'hypothèque est
d'offrir une sûreté spéciale au créancier pour la garantie d'une dette qui affecte la personne et tout le
patrimoine du débiteur. La charge qui résulte de
l'hypothèque doit donc, en définitive, être répartie
sur tout ce patrimoine, et l'ascendant donateur, qui
l'aura payée intégralement comme détenteur de
l'immeuble hypothéqué, doit nécessairement avoir
son recours tel que de droit (1).

Jusqu'ici nous avons vu la succession des ascendants relever du droit commun; elle s'en sépare cependant sous plusieurs rapports. Outre qu'elle recherche l'origine des biens, qu'elle n'admet pas la
représentation, qu'elle a lieu *in re singulari*, elle
bouleverse encore l'ordre ordinaire dans lequel les
successions sont dévolues, et ceux qui sont appelés à

(1) *Sic* Delvincourt t. II, p. 18, note 4. Zachariæ, Aubry et Rau, § 610 *bis* et note
20, t. V.

cette succession spéciale le sont indépendamment
de toute considérations de degrés, et à l'exclusion de
tous autres, en sorte qu'ils n'ont de cohéritiers que
sous le rapport de la contribution aux dettes et aux
charges de la succession. Sous tous autres rapports
le principe fondamental est que la succession
des héritiers ordinaires à tous les autres biens forment l'une à côté de l'autre « deux successions
aussi distinctes et aussi indépendantes que le seraient
les successions de deux personnes différentes (2). »
Nous avons vu qu'il en était ainsi dans nos pays cou·
tumiers, il en est encore de même aujourd'hui (3).

D'où il suit :

1° Qu'il n'y a pas d'indivision, et par suite pas de
partage, entre l'ascendant donateur et les héritiers
ordinaires : par suite il n'y a pas lieu aux actions en
garantie des lots.

2° Que le retrait successoral serait inapplicable
de part et d'autre, puisque l'ascendant donateur et
les héritiers ordinaires ne sont pas co-successibles.

3° Que l'obligation respective du rapport ne
saurait exister entre eux, puisque, aux termes de

(2) Demolombe n. 481.
(3) *Sic* Chabot, n. 16.
Vazeille artr. 747, n. 3.
Demante, t. III, n. 56 *bis*.
Marcadé art. 747, n. 6, etc.

l'art. 858, le rapport n'est dû que par le cohéritier
à son co-héritier.

4° Qu'il n'y aurait pas lieu au droit d'accroisse-
ment entre l'ascendant quant aux biens donnés, et
les héritiers de la succession ordinaire, puisque
aux termes de 786, la part du renonçant n'accroît
qu'à ses cohéritiers.

De là il suit qu'il se pourrait que l'ascendant fût
appelé tout à la fois à la succession anomale comme
donateur et à la succession ordinaire comme le
plus proche ascendant de sa ligne, pourra-t-il en ce
cas accepter la succession anomale et répudier la
succession ordinaire ?

Oui, puisqu'il y a là deux successions distinctes.
Aussi ne peut-on invoquer contre cette décision la
maxime *hereditas pro parte adiri non potest*. Ferrière, dans l'ancien droit, faisait déjà bonne justice
de cet argument et disait qu'on ne pouvait l'invoquer
sans méconnaître le principe certain qu'il y a là deux
successions distinctes. La réfutation était victo-
rieuse alors, elle l'est encore aujourd'hui (1).

L'objection qui consisterait à dire que l'ascendant ne peut pas avoir d'intérêt à scinder ainsi ses

____

(1) Nous ne connaissons comme opposés à ce châtiment que M. Delvincourt, t. II
p. 18, note 5 et M. Coin-Delisle, *Revue critique de jurisprudence* t. XI, p. 228, et
suiv. Ce dernier auteur dit positivement que « les deux droits réunis sur la même
« tête sont indivisibles, en sorte que la renonciation à la succession ordinaire em-
« porte renonciation à la succession spéciale. »

droits car puisque les deux successions sont grevées d'une part de passif correspondante à leur actif, l'une ne peut être meilleure que l'autre ; cette objection, dis-je, n'est pas plus heureuse que la précédente ; en effet, outre que l'ascendant peut attacher un prix d'affection très grand aux biens par lui donnés, il aura en outre intérêt à répudier la succession ordinaire, afin de se dérober à l'obligation de rapporter ce qu'il aura reçu du donataire.

En sens inverse l'ascendant pourrait-il répudier la succession anomale et accepter la succession ordinaire ?

Oui s'il est en concours avec des héritiers ordinaires, les biens donnés sont alors confondus dans la succession ordinaire, et ce sera pour lui en renonçant à son droit anomal un moyen d'avantager ses cohéritiers qui viendront avec lui partager une masse devenue unique par l'effet de sa renonciation.

Mais s'il est appelé seul à l'une et à l'autre succession, nous pensons, comme M. Mourlon, que sa renonciation serait sans effet, car les biens qu'il refuserait comme donateur seraient alors compris et confondus dans la succession ordinaire (1).

Il nous reste enfin, pour terminer sur cet art. 747 à montrer comment la succession anomale de

(1) M. Mourlon, Répétit. écrites t. II, p. 57.

l'ascendant modifie les règles ordinaires sur la réserve.

Ici se présentent les difficultés les plus graves sur la théorie de la réserve dans ses rapports avec l'art. 747.

Nous nous bornerons à développer le système qu'après bien des doutes, bien des perplexités, nous avons cru devoir adopter de préférence.

Voici comment nous le formulerons :

1° Le droit de l'ascendant donateur l'emporte sur le droit de réserve.

2° L'ascendant donateur n'est pas tenu d'imputer ce qu'il prend comme donateur sur ce à quoi il a droit comme réservataire.

3° La quotité disponible se calcule sur la masse totale des biens du défunt, les biens anomaux comme les biens ordinaires ne formant à l'égard des légataires qu'un seul et même patrimoine, comme à l'égard des créanciers héréditaires.

Et il en est de même de la réserve ; mais si le droit des réservataires se trouve en conflit avec le droit de succession anomale, celui-ci l'emportera, et le droit des réservataires disparaîtra, de telle sorte qu'il se pourra que ceux-ci, malgré leur qualité de réservataires, n'auront rien, au cas, par exemple, où le *de cujus* faisant dans la limite de la quotité disponible un legs de ses biens personnels n'aura laissé pour tous autres biens que des biens anomaux (1).

4° S'il y a lieu à réduction des donations et legs, les réservataires seuls en profiteront, et le droit de succession anomale de l'ascendant donateur ne pourra s'exercer sur les biens ainsi rentrés dans le patrimoine du *de cujus* par l'effet de l'action en réduction.

5° Tout legs de corps certain est à la charge exclusive des personnes appelées à recueillir l'espèce de biens dans laquelle rentrent les objets légués. Mais s'il s'agit d'un legs de somme d'argent ou de choses *in genere*, l'ascendant donateur contribue à son acquittement en proportion de la part qu'il recueille, comme nous avons vu qu'il contribuait aux dettes héréditaires.

Nous allons développer ces propositions et faire ressortir par des exemples les divers principes qu'elles annoncent ; afin de donner plus d'ordre à notre travail, nous distinguerons avec soin les trois situations dans lesquelles peut se trouver l'ascendant donateur. En effet, il peut ou ne se trouver en présence d'aucun légataire, ou en présence d'un légataire de corps certain, ou enfin en présence d'un légataire de somme d'argent. Nous allons voir quelle

(1) Nous appellerons biens anomaux les biens donnés au donataire par l'ascendant.

(V. thèse de M. Vernet.)

peut être dans ces trois situations la mesure de son droit de succession anomale.

1" Cas : *Le descendant donataire est mort intestat.* — Ou l'ascendant donateur est en même temps réservataire, ou il ne l'est pas.

1° *L'ascendant donateur n'est pas réservataire.*— Ex. Primus meurt *intestat,* à la survivance de son père, sa mère, et d'un aïeul donateur. Il laisse 90,000 francs de biens donnés, et 10,000 de biens ordinaires. Comment allons nous régler le droit des réservataires et le droit du donateur ?

Nous attribuerons les 90,000 de biens donnés à l'aïeul et les 10,000 de biens personnels au père et à la mère. Nous faisons prévaloir le droit de l'ascendant donateur sur le droit de réserve des père et mère. Telle nous paraît être la volonté de l'art. 747 lorsqu'il dit que les ascendants donateurs succèdent à *l'exclusion de tous autres,* car ils ne succèderaient pas à l'exclusion de tous autres s'ils étaient primés par les père et mère. Qu'on ne dise pas que le droit de réserve des père et mère est plus favorable que celui de l'ascendant donateur. Non, la prétention des uns est toute lucrative, à l'autre c'est sa propriété qu'on restitue.

En outre, le but de la loi, en accordant à l'ascendant donateur le droit de succession anomale, est de l'encourager à donner, *ne circa liberos munificen*-

tia retardetur et de le consoler de la mort du descendant son donataire, *ne et filii amissi et pecuniæ damnum sentiret.* ! r, on va ouvertement contre ce but si, à sa douleur d'avoir perdu son petit-fils, on ajoute encore celle de voir le bien qu'il lui a donné passer, par exemple, à la mère de ce petit-fils qui, pour lui, n'est qu'une bru, une étrangère.

En vain dirait-on comme dernier argument, que nous ne sommes pas autorisé à décider que l'art. 747 déroge à l'art. 915. La réponse est facile : il n'y a pas là dérogation à l'art. 915, car, d'après cet article même, les père et mère n'ont leur réserve que dans l'ordre où ils sont appelés à succéder; or, ils ne succèdent pas aux biens donnés; donc, ils n'ont pas de réserve à réclamer sur ces biens (1).

2° *L'ascendant donateur est réservataire.* — Ex.: Primus meurt, laissant son père donateur et sa mère: même composition que plus haut du patrimoine.

Nous dirons : le père prend d'abord les 90,000 de biens donnés, + 5,000 des biens ordinaires comme réservataire. Il prend d'abord la succession anomale à laquelle il a seul droit, ce qui ne l'em-

---

(1) *Sic* Chabot, n. 17, Delvincourt, t. II, p. 19, note 1.— Toullier, V, n. 129.— Dalloz, ch. 3, sect. IV, art, 2,—Marcadé art. 711, n. 9.—Duranton VI, 227.—Coin-Delisle *des donat.* art. 922, n. 2, etc.

pêche pas d'exercer son droit de réserve sur la succession ordinaire.

On l'a toutefois contesté, et dit qu'il était tenu d'imputer sur sa réserve ce qu'il prend comme donateur.

Nous repoussons encore cette prétention qui nous paraît contraire au texte de l'art. 747. Quoi ! cet article déclare qu'il recueille la succession anomale à l'exclusion de tous autres, et l'on viendrait dire à l'ascendant: Prenez les biens par vous donnés, mais à condition que vous aurez d'autant moins dans la succession ordinaire. Admettre un pareil système, n'est-ce pas appeler indirectement les autres héritiers à succéder, avec lui, à la chose donnée ; n'est-ce pas, de tous points, contraire au texte de l'art. 747 ? (1).

Ainsi se trouvent démontrées les deux premières propositions que nous avons énoncées.

Deuxième cas. — *Il y a un legs de corps certain.* Nous l'avons dit, tout legs de corps certain est à la charge exclusive des personnes appelées à recueillir l'espèce de biens dans laquelle rentrent les objets légués,

Supposons que Primus meurt, laissant son père

______

(1) V. en notre sens, Dalloz, Marcadé, Favard, Coin-Delisle, *loc. cit. Contra:* Chabot, Duranton, Delvincourt.

donateur de l'immeuble A, de 90,000 fr., sa mère, et l'immeuble B qui lui est personnel, et qui vaut 10,000 fr. Il lègue l'immeuble B. Le père reprend, en vertu de l'article 747, l'immeuble A qui se retrouve en nature; les legs, étant bien inférieurs à la quotité disponible, doivent être maintenus intacts. La mère n'aura rien. Ce résultat est bien dur, nous en convenons; il a dû échapper aux prévisions du législateur, et nous l'admettons avec d'autant plus de crainte qu'il ne nous est imposé par aucune disposition formelle de la loi, mais il nous paraît être néanmoins celui auquel conduit le rapprochement des art. 747, 915 et 922 combinés.

Nous disons que la mère ne pourra s'adresser au père qui lui répondra: Mon droit de succession anomale l'emporte sur votre droit de réserve; je retrouve le bien donné en nature, j'y succède à l'exclusion de tous autres.

Elle sera repoussée également par le légataire de l'immeuble B qui dira : Je ne dois point souffrir de la composition hétérogène du patrimoine. A mon égard, comme à l'égard des créanciers de la succession, le patrimoine du défunt ne forme qu'une même masse héréditaire; les réservataires ne sont préférables qu'aux légataires en faveur desquels la quotité disponible a été excédée; or, le legs de corps certain qui m'a été fait, ne représentau qu'une valeur de 10,000 sur 100,000 composant la valeur totale de la succession, n'est pas sujet à la réduction.

En un mot, comme dit M. Vernet, « le droit de « réserve de la mère se trouve, dans l'espèce, en « présence de deux droits qui lui sont préférables: « 1° le droit du légataire, puisqu'il a été exercé « dans les limites du disponible; 2° le droit de succession anomale de l'ascendant donateur. Il doit « donc succomber. »

MM. Vazeille et Marcadé, au contraire (1), veulent que la réserve et la quotité disponible ne se calculent que sur les biens personnels seulement, en sorte que dans notre espèce, le légataire n'aurait droit qu'à 5000, et que le père aurait, comme donateur, 90,000 + 2500 comme réservataire; et la mère 2500.

Ce qui nous fait hésiter à accepter ce système, c'est que, de même que le patrimoine est un à l'égard des créanciers de la succession, de même il est un à l'égard des légataires : l'art. 922 déclare positivement que la quotité disponible se calcule sur tous les biens existants au jour du décès du testateur, or n'est-ce pas aller contre cet article que la calculer seulement sur les biens personnels ?

(1) Vazeille, art. 727 n. 10, Marcadé art. 747. n. IX et XI

Supposons au contraire que c'est l'immeuble donné qu'a légué le *de cujus*. Ici, au lieu de restreindre outre mesure la quotité disponible, MM. Marcadé et Vazeille l'étendent trop. Ils disent: la réserve ne se calculant jamais que sur les biens ordinaires, la quotité disponible sera, dans notre espèce, de moitié de la succession ordinaire et de la totalité de la succession anomale, puisqu'il n'y a pas de réserve sur cette succession, et que, là où il n'y a pas de réserve, le droit de disposition est entier; il s'en suit que dans notre espèce la quotité disponible est, et de la totalité des biens anomaux ou de 90,000, et de moitié des biens personnels ou 5000, de sorte que les père et mère n'auront droit qu'à 5000 comme réservataires et le légataire à 95,000.

On voit de suite combien cette quotité disponible est exagérée. Mais alors, dit M. Marcadé, l'ascendant donateur renoncera à la succession anomale, et fera valoir exclusivement son titre d'héritier ordinaire.

Nous ne comprenons pas trop comment l'ascendant donateur pourrait renoncer à une succession anomale qui n'existe pas, puisqu'elle ne prend naissance qu'autant que les biens donnés se retrouvent dans la succession.

Tout se passe plus simplement dans notre système. Nous disons : Puisque les biens anomaux ont été légués, le père ne peut pas prétendre à une succession anomale qui n'existe pas. Les règles ordinaires sur la dévolution des successions reprennent alors leur empire, et la réserve n'étant plus en présence du droit de succession anomale qui lui est préférable se prendra, suivant les règles ordinaires, sur la masse totale des biens du défunt. Elle sera dans l'espèce de 25,000 fr. pour le père, et de pareille somme pour la mère. Tout se passe alors comme si le père n'était pas donateur. (1)

Ainsi, dans notre système, nous déterminons toujours la quotité disponible et la réserve sur la masse totale des biens du défunt, nous sommes ainsi fidèle à 922, mais nous disons que le droit de réserve disparaît en présence du droit de succession anomale.

Par là se trouve démontrée la troisième proposition que nous avons indiquée plus haut.

Troisième cas. Il y a un legs de sommes d'argent. — Tout legs de sommes d'argent sera acquitté par le successeur aux biens anomaux aussi bien que par l'héritier ordinaire proportionnellement à la part que chacun d'eux recueille. Chacun d'eux, nous l'avons vu, supporte une part proportionnelle des dettes, chacun d'eux supportera éga-

(1) Sic M. Vernet

lement une part proportionnelle de ce legs.
» Nous allons distinguer suivant que l'ascendant donateur est ou n'est pas réservataire, et voir ce qui arrive, alors que le legs est inférieur, égal ou supérieur à la quotité disponible.

1° *L'ascendant donateur n'est pas réservataire —* Exemple : Primus laisse un aïeul donateur, son père et sa mère. Il y a dans la succession l'immeuble donné, de 90,000 fr. et un immeuble personnel, de 10,000. Primus a en outre fait un legs de 20,000 fr. Ce legs sera acquitté intégralement comme fait dans les limites de la quotité disponible. Mais à la charge de qui sera-t-il ?

Voici comment nous réglerons la contribution. Nous dirons :

L'aïeul prend l'immeuble de 90,000 fr. ou 9/10 de la succession ; il paiera donc les neuf dixièmes du legs ou 18,000 fr. Le père et la mère prennent les 10,000 fr. de biens ordinaires ou 1/10 de la succession, ils contribueront donc au legs pour 1/10 ou pour 2000 fr.

Si maintenant nous supposons que le legs est de la quotité disponible, le calcul est le même. L'aïeul donateur prenant 9/10 de la succession contribuera au legs pour 45,000 francs, et le père et la mère pour 5000.

Supposons enfin que la quotité disponible est

dépassée, que le legs est, par exemple, de 90,000 fr.

Nous dirons : comme à l'égard de l'ascendant donateur le *de cujus* aurait pu disposer de tout son patrimoine, il faut déterminer la part contributoire de cet ascendant comme si le legs n'était pas réductible car, en tant que donateur, il ne doit pas bénéficier de la réduction qui ne doit profiter qu'aux seuls réservataires.

Ainsi, le legs étant de 90,000 fr., l'ascendant donateur qui prend 90,000 de biens anomaux devra contribuer au legs pour 9/10 ou pour 81,000 fr. dans l'espèce, et les réservataires pour 1/10 ou 9000. Mais il se trouve que le legs ainsi acquitté intégralement est réductible de 40,000 fr' ces 40,000 fr. rentrent par l'effet de l'action en réduction dans la succession ordinaire, et les ascendants réservataires y auront seuls droit. De cette façon ceux-ci prendront 41,000 l'ascendant donateur 9000 et le légataire 50,000.

C'est ce que nous avons énoncé dans nos quatrième et cinquième propositions.

2° *Ou l'ascendant donateur est en même temps réservataire.* — Suivons le même ordre que plus haut :

Le *de cujus* laisse son père donateur de l'immeuble de 90,000 fr., et en même temps réservataire, et sa mère. Il y a, dans la succession, l'immeuble

donné, 10,000 fr. de biens ordinaires et un legs de
20,000 fr., *quid ?*

Le père prenant 95,000 fr. ou 19/20 contribue
au legs pour 10,000, la mère prend 5,000 ou 1/5,
elle contribue donc pour 1,000. De cette manière,
le père a 95,000—19,000 ou 76,000; la mère 4,000
et le légataire 20,000.

Si le legs est de la quotité disponible, le père
prenant toujours 19/20, contribue au legs pour
47,500, la mère pour 2,500 et le calcul définitif
donne : au légataire 50,000, au père 47,500, et à la
mère 2,500. — Somme égale : 100,000.

Supposons enfin que le legs a dépassé la quotité
disponible, qu'il est, par exemple, de 90,000 fr.

Le père prenant 95,000 ou 19/20 paiera 85,500,
la mère prenant 5,000 ou 1/20 contribuera pour
4,500. De cette façon, voilà donc le legs de 90,000
acquitté intégralement, mais ce legs est réductible
de 40,000 fr. qui, rentrés dans le patrimoine, seront répartis entre le père et la mère, sans distinction, car la qualité de donateur du père ne peut lui
donner aucun droit sur les biens obtenus par l'action en réduction.

Le règlement définitif donnera donc :

1° Au père : 0,500 qui restaient de son bien
donné + 20,000 qu'il obtient comme réservataire
par l'effet de l'action en réduction, soit 20,500.

2° A la mère : 500 de biens restants après l'acquittement intégral du legs, + 20,000 obtenus par la réduction, soit 20,500.

3° Au légataire, 50,000.

CHAPITRE II.

De la succession anomale de l'adoptant et de ses descendants.

L'art. 351 du Code Nap. accorde à l'adoptant le droit de recueillir dans la succession de l'adopté mort sans postérité légitime les choses qu'il lui a données, et confère même, si l'adoptant est prédécédé, le même droit à ses descendants en comprenant alors dans ce droit la part de biens que l'adopté, en vertu de l'art. 350, aurait recueillie dans la succession de l'adoptant. Ce droit, comme celui de l'ascendant donateur, est exercé par l'adoptant ou ses descendants à titre successif (1), c'est donc encore là une exception à la règle que la loi ne recherche pas l'origine des biens pour en régler la succession, c'est encore un cas de succession anomale.

Les mêmes causes qui ont fait accorder à l'ascen-

(1) Cassation, 28 décembre 1820.

dant donateur le droit de succession anomale mili-
taient en faveur de l'adoptant, et si ce droit a été
étendu à ses descendants, c'est qu'il eût été souve-
rainement injuste de faire passer à leur préjudice
dans la famille naturelle de l'adopté des biens que
celui-ci ne tient que de la libéralité de l'adoptant.

Il semble donc, du moins en ce qui concerne l'a-
doptant, que notre ancienne jurisprudence aurait
dû l'assimiler à l'ascendant donateur à qui était
accordé le droit de réversion ou de retour, et cependant elle n'en parle pas. Ce silence ne nous étonne
pas : « le système féodal étant établi, l'adoption dit
« Merlin, contrariait trop les droits éventuels des
« seigneurs suzerains aux fiefs possédés par leurs
« vassaux pour qu'elle pût se maintenir avec lui(1). »

Aussi l'adoption tomba tellement dans l'oubli
qu'il ne faut pas s'étonner de voir Dumoulin au
xvi° siècle en parler comme d'un droit particulier
aux Romains: *adoptio jus est peculiare Romanorum*,
dit-il (2). — Elle ne fut ressuscitée que par la loi
du 18 janvier 1792 (3), et les rédacteurs du Code
Civil ne firent qu'acte de simple justice en accor-

(1) Merlin, Répert. au mot adoption § 3.
(2) Dumoulin sur l'anc. cout. de Paris, §2, glose 2, n. 10.
(3) L'adoption, dit M. Bugnet sur Pothier, p. 80, note 2. est une institution nouvelle.

dant à l'adoptant le droit de reprendre dans la succession de l'adopté mort sans postérité les biens qu'il lui avait donnés.

Ce droit de l'adoptant et de ses descendants a la plus grande analogie avec le droit que nous avons vu consacré en l'art. 747 au profit de l'ascendant donateur; aussi serons nous sobre de développements sur ce second cas de succession anomale, et nous bornerons-nous à établir les différences qui existent entre cette succession anomale des art. 351 et 352 et celle de l'art. 747.

Voici les différences qui existent entre ces deux successions particulières, dit M. Valette sur Proudhon (1) :

1° « L'ascendant a le droit de reprendre les biens « donnés non-seulement dans la succession de l'a- « dopté donataire, mais encore dans la succession « des descendants de ce dernier.

2° « Les descendants de l'adoptant peuvent exer- « cer les mêmes droits que l'adoptant lui-même sur « la succession de l'adopté. »

Première différence. —L'adoptant a le droit, etc.

Supposons d'abord que c'est dans la succession même de l'adopté que l'adoptant veut exercer son

(1) t. 2, p. 213.

droit de succession anomale. Que faut-il pour qu'il y soit admis ?

Il faut, nous dit l'art. 351, que l'adopté soit mort sans descendants *légitimes*. Nous assimilerons les descendants légitimés aux descendants légitimes, et même nous leur assimilerons les enfants adoptifs. Nous pensons que, si l'adopté laisse un enfant adoptif, le droit de succession anomale ne s'ouvre pas, du moins actuellement. Nous le pensons en vertu de cette règle que l'enfant adoptif de l'adopté a sur la succession de celui-ci les mêmes droits que les descendants légitimes (350)(1).

Mais *quid*, s'il laisse un enfant naturel ?

Il nous semble hors de doute qu'en présence des termes formels de l'art. 351, cet enfant naturel ne peut pas faire obstacle au droit de succession anomale qui s'ouvre *hic et nunc*, comme si l'adopté n'avait laissé aucune postérité (2).

Nous avons dit que l'adoptant avait le droit de reprendre les biens par lui donnés non-seulement dans la succession de l'adopté, mais encore dans la

---

(1) *Sic* Grenier: Traité succinct de l'adoption n. 30. — Toullier n. 303. — MM. Demolombe t. 6, n. 167.—Valette, explication du liv. 1. du C. N., tit. VIII, n. 8· — Ducaurroy, Bonnier et Roustain, t. II, n. 487.

(2) *Sic* l'unanimité des auteurs, MM. Aubry et Rau seuls étaient d'opinion contraire, mais ils se sont rangés à l'opinion commune. V. leur commentaire su' Zachariæ, 3me édition, t. V. § 608, note 11.

succession des descendants de l'adopté lorsque ceux-ci sont morts eux-même sans postérité; c'est en effet ce que déclare l'art. 352, en nous avertissant que ce bénéfice est inhérent à la personne de l'adoptant et non transmisible à ses héritiers même en ligne descendante, et on le conçoit, car la loi ne veut pas prolonger indéfiniment cette succession anomale ni remonter trop haut à l'origine des biens.

On s'est emparé de cette disposition de l'art. 352 pour dire que la même faveur devait être étendue à l'ascendant donateur à qui s'applique l'art. 747, nous ne reviendrons pas sur cette discussion; nous pensons que, puisque ce privilége n'est accordé textuellement qu'à l'adoptant, celui-ci doit seul en jouir.

Mais, remarquons-le bien, l'adoptant ne reprend ainsi ce qu'il a donné que dans la succession du dernier mourant des descendants. La doctrine est unanime sur ce point.

Deuxième différence. — Les descendants de l'adoptant peuvent exercer les mêmes droits que l'adoptant lui-même sur la succession de l'adopté. Mais leur droit ne s'étend pas sur la succession des descendants de l'adopté; d'un autre côté ils succèdent non-seulement aux biens donnés par l'adoptant mais aussi à ceux recueillis dans sa succession. Ils sont ainsi appelés *proprio jure*, en vertu d'une vocation qui leur est directement conférée par la loi, de telle sorte qu'ils pourraient exercer ce droit alors même qu'ils auraient renoncé à la succession de l'adoptant.

A part ces différences notables, dit M. Valette, « nous pensons qu'il faut appliquer à la succes- « sion anomale de l'adoptant ou de ses descendants « les mêmes règles qu'à la succession anomale de l'ascendant donateur » Nous nous rangeons entièrement à cet avis.

Ainsi nous dirons que le droit de l'adoptant doit s'exercer à l'exclusion de tous autres, à l'exclusion même des ascendants naturels réservataires, mais sans préjudice des droits des tiers, et à la condition expresse que les biens donnés se retrouvent en nature, c'est à dire dans leur identité parfaite, matérielle, suivant le système que nous avons adopté sur l'art. 747.

Il faut également décider, à cause de cette analogie si complète qui existe entre le droit de l'adoptant et celui de l'ascendant donateur, que, comme celui-ci, l'adoptant succède aux actions en reprise et à l'action en paiement du prix du bien donné qui aurait été aliéné.

Grenier (1) l'a toutefois contesté; il prétend, à

(1) Traité succinct de l'adoption.

cause du silence sur ce point des art. 351 et 352 qu'il faut lui refuser et l'action en reprise et l'action en paiement du prix. M. Duranton (1) lui accorde l'action en reprise et lui refuse l'action en paiement du prix.

Nous pensons, pour notre part, qu'il ne faut pas hésiter à lui accorder et l'action en reprise, et l'action en paiement du prix, les diverses dispositions relatives aux successions anomales, devant, comme l'a fort bien dit M. Valette, se compléter les unes par les autres (2).

CHAPITRE III.

DU DROIT DE SUCCESSION ANOMALE DES FRÈRES ET SŒURS LÉGITIMES D'UN ENFANT NATUREL.

L'art. 766 porte que « en cas de prédécès des père et mère de l'enfant naturel (mort sans postérité) les biens qu'il en avait reçus passent aux frères et sœurs légitimes, s'ils se retrouvent en nature, etc. Tous les autres biens passent aux frères et sœurs naturels ou à leurs descendants. »

Cet article, on le voit, crée un troisième cas de

(1) III, 323 et 324.
(2) M. Valette sur Proudhon, t. II, p. 217.
Sic. MM. Ducaurroy, Bonnier et Roustain. t. II, n 486. Demolombe, t. VI, n.181.

succession anomale, puisque, supposant un enfant
naturel mort sans postérité, et après le décès de
ses père et mère, il divise le patrimoine laissé par
le défunt en deux successions distinctes : celle des
biens ordinaires, et celle des biens venus de ses
auteurs; la première, qu'il attribue aux frères et
sœurs naturels du *de cujus;* la seconde, à ses frères
et sœurs légitimes. C'est donc encore un cas où la
loi recherche, par exception à l'art. 732, l'origine
des biens; c'est un troisième cas de succession anomale. — Disons de suite que, quand la loi appelle
à la succession anomale *les frères et sœurs légitimes
de l'enfant naturel*, elle emploie un langage incor-
rect, car de frères et sœurs légitimes, la vérité est
qu'un enfant naturel n'en a pas. Cette dénomination
désigne les enfants légitimes du père ou de la mère
de l'enfant naturel ; mais, quelque incorrecte que
soit cette expression, nous l'emploierons également,
brevitatis causâ.

Ce troisième cas de succession anomale a déjà été
développé, presque en son entier, dans notre chapitre 1; nous n'aurons ici que quelques explications
à ajouter: « C'est là un droit (dit Chabot) presque
« en tous points semblable à celui accordé aux as-
« cendants donateurs par l'art. 747 ; il doit donc
« s'exercer de la même manière, et il faut, en
« conséquence, lui appliquer presque toutes

« les observations faites sur l'art. 747. » (1).

Dans notre ancienne jurisprudence, il n'y avait que la parenté légitime qui pouvait donner droit de succéder. « De même qu'enfants bâtards ne succè- « dent pas à leurs père et mère, de même ceux-ci « ne leur succèdent pas, » dit Pothier (2). — Le droit de succession anomale, que nous trouvons consacré en l'art. 766 du Code Nap., est donc un droit nouveau, mais ce n'en est pas moins un droit fort équitable. M. Tronchet, au Conseil d'Etat, le justifie fort bien en ces termes : « En permettant « aux frères et sœurs légitimes de reprendre dans « la succession de l'enfant naturel décédé sans « postérité, après ses père et mère, tous les biens « que cet enfant a reçus de ses auteurs, on ac- « corde aux enfants légitimes une juste compensa- « tion de ce qu'ils ont perdu dans la succession de « leur père par la part qui a été donnée à leur « frère naturel. » (3).

C'est, sans contredit, à titre de succession que ce droit est accordé aux frères et sœurs légitimes. En vain, a-t-on voulu le contester en se fondant : 1° Sur ce que notre art. 766 ne se sert pas du mot *succèdent* comme les art. 747 et 352, mais déclare

(1) Chabot sur l'art. 766, n. 2.
(2) Pothier, succ. ch. 1, § 3.
(3) Locré : Législation civile, t. X, p. 96.

au contraire que les biens *passent, retournent* aux frères et sœurs légitimes ; 2° sur ce qu'il ne leur impose pas textuellement l'obligation de contribuer au paiement des dettes. Mais la première objection se réfute d'elle-même par la place qu'occupe notre article dans la section même des successions irrégulières. En outre, si leur droit n'était pas un droit de succession, mais un droit de retour comme on veut le prétendre, les biens leur reviendraient francs et quittes de toutes dettes et charges ; or, notre article déclare positivement le contraire. Il déclare qu'ils ne pourront reprendre les biens que s'ils se retrouvent en nature ; il restreint leur droit absolument dans les mêmes termes qu'il a restreint celui de l'ascendant donateur ; ce n'est donc pas sérieusement qu'on voudrait en faire un droit tout différent, complétement opposé! (1)

Ils sont donc successeurs irréguliers, et, comme tels, ils seront tenus de contribuer aux dettes héréditaires, en proportion de la valeur des biens par eux recueillis. La loi n'avait pas besoin de s'expliquer sur ce point ; aussi, nous ne comprenons pas

(1) *Sic* Chabot sur l'art. 766, n. 1.
Delvincourt II. p. 34.
Grenier, *Des donations*, 1, n. 30 et 598·
Toullier, IV, 230 et 269.
Duranton VI, 202, 203 et 340.
Demolombe, XIV, n. 158.

comment M. Coin-Delisle, tout en reconnaissant
que les frères et sœurs légitimes sont ici appelés
comme successeurs très-irréguliers dans une succession irrégulière, peut venir dire « qu'ils ne sont
« pas tenus des dettes de la succession, si l'enfant
« naturel laisse assez de biens d'ailleurs pour que
« toutes ses dettes soient éteintes sans toucher aux
« biens donnés. » (1).

Nous avons déjà montré, dans notre chapitre I,
§ I, que ce droit de succession anomale n'appartient aux frères et sœurs légitimes qu'au cas de
prédécès des père *et* mère de l'enfant naturel, de
sorte que les enfants légitimes du père, par exemple, sont, en ce qui concerne les objets provenant
de ce dernier, primés par la mère naturelle encore
vivante, *et vice versâ*. Nous ne reviendrons pas sur
cette discusssion.

Mais une dernière question très-controversée et
très-controversable qui s'élève sur notre matière, et
que nous n'avons pas encore examinée, est celle de
savoir si ce droit de succession anomale, que la loi,
par son texte littéral, n'accorde qu'aux frères et
sœurs légitimes, doit être étendu à leurs descendants.

On peut soutenir, avec beaucoup de vraisem-

(1) *Revue critique de jurisp.* t. XI, Etude sur l'art. 7 7, par M. Coin-Delisle.

blance, qu'il doit être restreint à ceux-là seuls à qui la loi l'accorde textuellement; qu'il s'agit ici d'un droit exceptionnel, exorbitant, et qu'il est arbitraire de l'étendre en dehors d'un texte précis qui vous y autorise.

Néanmoins, j'inclinerai à penser qu'il faut étendre ce droit aux descendants des frères et sœurs légitimes. L'art. 52 du projet, devenu l'art. 766, le déclarait positivement. Cet article, à défaut des père et mère, appelait à la succession de l'enfant naturel décédé sans postérité, tous ses frères, légitimes ou naturels, sans distinction, et leurs descendants. Dans le cours de la discussion, on décide qu'il vaut mieux exclure de la succession ordinaire de l'enfant naturel les frères et sœurs légitimes, parce que celui-ci ne leur succède pas, tout en leur laissant le droit de reprendre les biens donnés à l'enfant naturel par leur père commun. L'article est renvoyé à la section pour être corrigé en ce sens, et dans la rédaction définitive nous ne trouvons plus le mot *descendants*, à la suite des mots *frères et sœurs légitimes*. Mais évidemment ce n'est là qu'un oubli, car de même qu'en retirant le droit de succession ordinaire aux frères légitimes, on le retira à leurs descendants, de même en leur donnant le droit de succession anomale, on a entendu le donner aussi à leurs descendants. Bien plus, je crois même que le législateur n'avait pas besoin de mentionner ici les descendants ; car notre code n'attribue-t-il pas toujours aux descendants des frères et sœurs les mêmes droits héréditaires qu'aux frères et sœurs eux-mêmes ? Enfin le système contraire ne viole-t-il pas l'équité quand, supposant qu'il existe à la fois un frère légitime et un descendant d'un autre frère légitime, il est forcé logiquement de conclure que le frère vivant reprendra, à l'exclusion du neveu, tous les biens provenant de l'auteur commun. N'est-ce pas là avantager l'une des branches de la descendance légitime au préjudice des autres branches ? Telle n'a pas dû être la volonté du législateur (1).

Voilà sur les personnes à qui est accordé le droit de succession anomale établi par l'art. 766. Quant aux conditions auxquelles est subordonnée l'existence de ce droit nous les avons suffisamment fait connaître en disant qu'il faut que l'enfant naturel soit décédé sans aucune espèce de postérité et sans père ni mère, en ayant soin d'assimiler la renonciation ou l'indignité de ceux-ci à leur prédécès.

(1) *Sic* : Chabot sur 766, n. 5.
Toullier, IV, 269.
Duranton, VI, 337.
Vazeille sur 766 n 5,
Zachariæ §608 et Aubry et Rau, note 13.
Demolombe XIV, n. 156.

Nous avons également indiqué la nature de ce droit, il ne reste plus qu'à faire connaître sur quels biens il s'exerce. Il s'exerce, nous dit 766, sur tous les biens *reçus*, par l'enfant naturel, de ses père et mère; il s'applique donc, à l'égal du droit de l'adoptant et de ses descendants, non seulement aux biens provenant de donations, mais aussi à ceux qui ont été recueillis à titre de succession. Mais il faut que ces biens se retrouvent *en nature*, c'est à dire, suivant nous, *in specie*. C'est aussi à cause de l'analogie si grande qui existe entre ce droit et celui accordé à l'ascendant donateur que notre art. 766 nous dit que les frères et sœurs légitimes succèdent également aux actions en reprise et à l'action en paiement du prix des biens donnés qui auraient été aliénés. Nous n'avons donc à cet égard, comme à l'égard de toutes autres questions subsidiaires qui pourraient s'élever sur notre article, qu'à nous reporter aux explications que nous avons données dans notre chapitre 1.

POSITIONS

<hr>

DROIT ROMAIN.

I. La loi 8, d'Ulpien, et la loi 13, de Papinien, D. *de cast. pec.* peuvent se concilier.

II. La loi 9, au même titre, combinée avec la loi 33, *de acquir. rerum dominio*, d'U'pien, contient une théorie différente de celle de Papinien dans le § I. de la loi 14 *de cast. pec.* — Ce paragraphe a été corrigé par Tribonien.

III. Les mots *jure communi* (*Instit. lib. II. tit. XII. pr. in fine*) signifient : par droit de puissance paternelle, et non par droit héréditaire,

IV. Les différents textes du Digeste qui font mention du pécule quasi-castrans ont été altérés.

V. Si le mariage est dissous par la mort de la femme, la dot profectice retourne à l'ascendant paternel dotateur, non seulement quand la fille par lui dotée est encore sous sa puisance, mais même quand elle est émancipée.

VI. La révocation des donations entre-vifs pour cause d'ingratitude du donataire ne fut introduite d'une manière générale que par Justinien.

VII. Le possesseur de bonne foi n'était pas tenu du temps de la jurisprudence classique de restituer les fruits qu'il n'avait pas consommés.

DROIT FRANÇAIS.

DROIT CIVIL.

I. Les père et mère naturels n'ont pas le droit de prélever avant part, dans la succession de leur enfant naturel décédé sans postérité, ce que chacun d'eux lui aura donné.

II. L'ascendant donateur ne reprend pas les choses par lui données dans la succession des descendants du donataire morts sans postérité.

III. Il ne reprend pas le bien acquis en échange de l'objet donné.

IV. Il ne reprend point indistinctement une somme d'argent à la place de celle qu'il a donnée.

V. Il ne peut reprendre le bien donné, si ce bien, après avoir été aliéné irrévocablement, est rentré

dans le patrimoine du donataire par achat, donation, succession, ou autrement.

VI. Il doit aux héritiers du donataire une indemnité à raison des améliorations faites par celui-ci
sur le bien donné.

VII. Les descendants des frères ou sœurs légitimes de l'enfant naturel peuvent exercer, dans la
succession de celui-ci, la reprise que l'art. 766 établit au profit de ces frères ou sœurs.

VIII. La personne interdite judiciairement ne
peut se marier.

IX. Les père et mère naturels n'ont pas de droit
de réserve sur la succession de leur enfant naturel.

X. Les légataires universels ne sont tenus des
dettes de la succession que *intra vires emolumenti.*

XI. Les héritiers ne sont pas tenus des legs *ultra
vires.*

XII. L'art. 1321, en déclarant que la contre-
lettre est sans effet contre les tiers, n'entend la rendre inefficace envers eux qu'autant qu'elle devrait
leur nuire; mais, quand elle doit leur profiter,
ceux-ci peuvent très-bien l'invoquer, du moins
contre l'autre partie et ses ayants-cause universels.

PROCÉDURE CIVILE.

I. La condamnation aux dépens ne peut être prononcée contre la partie qui succombe qu'autant que la partie gagnante y a formellement conclu.

II. La renonciation à l'appel peut être valablement faite par les parties dès l'origine du procès, et pendant toute la durée de l'instance.

DROIT CRIMINEL.

I. La tentative d'avortement n'est punie d'aucune peine par la loi pénale.

II. Les médecins, chirurgiens et autres personnes énumérées en l'art. 378 du Code pénal, ainsi que tous ceux à qui sont confiés des secrets à raison de leur profession ou de leur ministère, comme les prêtres, avocats, avoués, notaires, ne sont pas tenus, quand ils sont appelés en témoignage, de révéler ces secrets.

HISTOIRE DU DROIT

I. La noblesse a son origine dans la féodalité.

Vu par le Président de la thèse,
E. BONNIER.

Vu par le doyen de la Faculté,
C.-A. PELLAT.

Permis d'imprimer,
Le Vice-Recteur,
A. MOURIER.

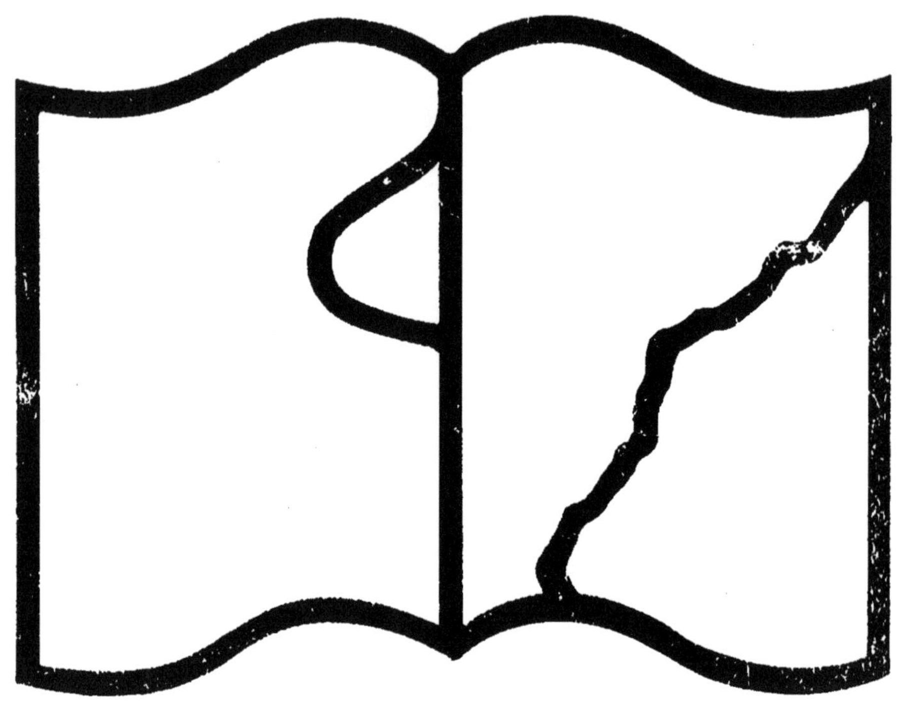

Texte détérioré — reliure défectueuse

NF Z 43-120-11

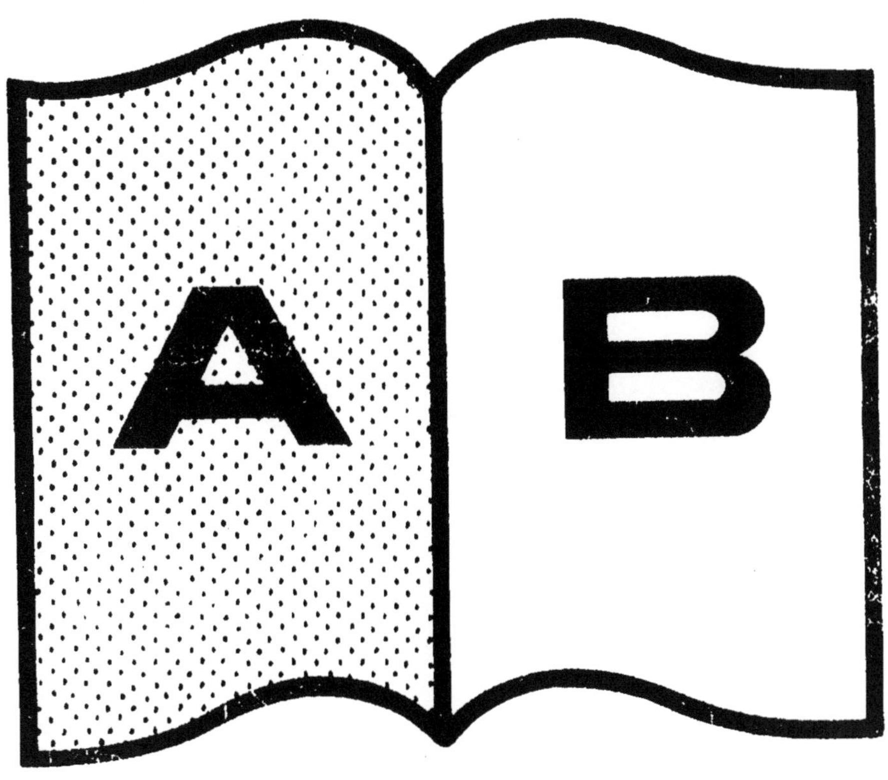

Contraste insuffisant

NF Z 43-120-14

www.ingramcontent.com/pod-product-compliance
Ingram Content Group UK Ltd.
Pitfield, Milton Keynes, MK11 3LW, UK
UKHW020843120726
13693UKWH00002B/793